はじめに

私は大学で数学や物理学を学生に教えていましたが、大学を定年で退職してからは保育の勉強を始めました。大学の科目履修生となって、昨日まで同僚だった先生方の授業を聴講したのですが、ほとんどいつも教室の最前列の席に座ったので先生方には嫌がられていたように思います。最前列は一般学生が敬遠するので空席があり、後ろの席では学生の私語や授業のプリントが回ってこないことがあって、やむを得ず最前列に座ったのです。

私が保育の勉強を始めたのは子どもの創造性について知りたいと思ったからです。自分自身が学部の学生だった頃から創造性という言葉に関心を持っていました。先輩たちや研究室の先生が創造的研究について熱く語っていました。それから今日まで趣味のように創造性という言葉にこだわってきたのは私のこだわり性のためだけでなく、創造性とは何かが一向に明らかにならなかったことにもよります。そこで、いつのときか子どもは創造的であると聞き、子どものことをよく知りたいと思って、勉強を始めたのです。

大学での定年を過ぎて保育園と関わる中で、子どもを取り巻く社会的な問題や、広く教育を巡る課題について知ることとなったのですが、一方で、子どもたちの不思議な行動にますます引き込まれてしまったように思います。私は、周りの大人たちが創造という言葉にあまり関心を持っていないことが不思議でした。創造性について語ることに何か後ろめたい気持ちになることもありましたが、知識や結果を第一とする風潮があったのかもしれません。

しかし、今になって思えば、「人は生まれながらに創造するものだ」ということの単純な事実に、私が思い至らなかったためかもしれません。創造という行為を誰でも行うとすれば、それは人の成長の過程で自然に現れる行為のはずです。どのような時期にどのように出現し、どのような役割・機能を持つのだろうかという疑問がまた自然に発生します。

はじめに

保育園でほぼ毎日、八時間近く子どもと遊んで、子どもの成長を見ていると、子どもたちの学習や探索や遊び、子どもたちの生活環境についていろいろ考える機会を与えられました。

本書の大きな目的は子どもと環境との関わりについての、私の観察を出発点として、環境と人の心理的な関わりについて考えたことの報告です。

科学としての心理学は今、目覚ましい発展を遂げているようです。これには、子どもや高齢者や働く人々のこころの問題への社会的関心の高まりや、人体についての科学的研究の進展などが大きな要因となっていると思いますが、一方で、今までの古典的心理学の記述は、いまだに、体系的ではないように思われます。

私の報告が、人の心理の統括的記述の試論になるのではないかと、密かに願っています。私の観察の多くの内容は現場の先生や研究者がすでにわかっていることでしょう。また、私の観察の解釈は、憶測にすぎないとお叱りを受けるかもしれません。しかし、それらを覚悟のうえで、こういう見方をすれば整理がつくとか、こういう概念があったら便利だなどと、学んだこと、考えたことを紹介したいと思います。

人のどんな身体的な行動も環境の中で行われます。環境に対して行動をしているともいえます。しかし、同じような環境の中でも人によってその行動は異なっています。人は考えて行動するので、考えることが異なると行動も異なってきます。考えるだけで具体的な行動はしないというときもありますが、このような場合も含めて行動という言葉を広く解釈して、考えるという行為も行動という言葉で表すことにします。

しかし、この場合、考えるという行為は何に対して行われているのでしょうか。考えるという行為は直接体の外にある環境に対して行われているのではなく、体の外にある環境のイメージ（像）に対して行われています。実在する環境のイメージだけでなく、物質として実在しないもの、例えば幽霊、法律、翼のある馬なども含まれます。そこで、これらの考えるという行動の対象となるものを、ひっくるめて「環境」ということにします。

ところで、このように行動や環境の意味を拡張すると環境の主（主体）は誰なのかを明確にしなければ環境の意味は明確になりません。そこで、行動させたり考えるという主体を「こころ」と呼ぶこととします。また、先に述べた環境を「こころの環境」ということにします。

そうすると、今度は「こころ」とは具体的には何かということが問題になりますので、本文では「こころ」や「こころの環境」について、もう少し詳しく考えます。初めに、自然環境とその中にいる主人公としての生物（環境の主体）の関係について復習します。そこで、よく知られている「共進化」という考えに注目します（第1章）。

第2章では「こころ」というものを、人が生まれながらに持っている「欲求」であると定義します。その際、人が生まれながらに持っている、五種類の「基本欲求」生存、感応、繋合、好奇、操作の存在を仮定します。これらの基本欲求は自分たちが行動するための環境を創ります。これがこころの環境です。こころとその環境である「こころの環境」は共進化する関係になります。

第3章では、こころを構成する五種の「基本欲求」に基づく行動の特徴的なものを検討します。その中で、「遊び」という行為は「繋合欲求に従って、他者との絆感を得るための共同行動」であると結論されます。また、人は通常、自分を取り巻く外の環境を客観的に認識していないし、できないので、「暗喩（メタファー）」による世界認識を持つこと、最後に、「操作欲求」による自己発見と創造について検討します。創造の最も広い定義は「人の意志で環境を変化させること」です。

第4章では、こころの環境を出発点として、感性と意識について考察しました。感性と意識はこころがこころの環境を創り出すための基本的な手段です。

人が生まれた直後から基本欲求に従って行動するとすれば、人の行動は逆に基本欲求によって分類でき、それぞれの分類項目に対応する範疇（カテゴリー）が作られることになるでしょう。このような、誰でもが持っている認識の枠組みを「基本カテゴリー系」と呼ぶことにします。第5章ではこの基本カテゴリー系とそれに基づく、思考の対象の評価や分析の具体的な例——遊び、いじめ、ピカソの絵「ゲルニカ」、萩原朔太郎の詩「春夜」など——を取り上げました。

こころの環境◎目次

第1章

環境

生物や人に関して環境という言葉はいろいろな場面で使われます。人についていえば、自然、社会、学校、生活、家族、友人など具体的な形を持っている場合や、文化、情報、子育て、価値（観）など形が定まらないものなどについても使われています。対象が形を持っていても、いなくても環境には広がりや大きさがあります。

家族の関係は地域や社会に含まれることが多いので、家族環境は地域環境や社会環境に含まれ、大きく地球環境の中に含まれています。教育環境のある部分は子育て環境に含まれるのでしょう。環境を構成している一つ一つのもの（物や概念）を環境要素といいます。家族は地域環境の要素です。

地球は宇宙という環境の一要素です。人体に寄生するウイルスにとって人体は巨大な環境です。体内にいるウイルスは体内環境の一要素です。価値（観）は文化という環境の要素と考えられることもあります。

環境には歴史があります。現在の宇宙の年齢は百三十八億歳くらいといわれています。地球は約四十六億歳、現人類は誕生してから二十万年、アメリカ合衆国という国は誕生してから約二百五十年です。どのような環境もその歴史の中で形や機能を変化させます。国家の戦争によって、個人の生活が変化する場合のように、大きい環境の変化によってそこに含まれる小さい環境が変化したり、逆に、人の体内の病原菌が人を死亡させたり、地球で生産活動をする人が地球の自然や気象そのものを変化させてしまうように、環境要素が自身の大きな環境を変えてしまうこともあります。

環境と生命の関係について考えてみましょう。

どのような生命も環境と切り離して発生したり生存したりすることはできません。誕生して約四十六億年といわれる地球では三十四億八千万年前の生命体の痕跡が確認されているようですが、それらの生物は地球環境から生体を創る物質とエネルギーを取り入れ排泄物を放出しながら繁殖したり、環境の変化によって新しい生命体を生み出したり、滅亡したりしました。

環境と生命の関係について、変化する環境の中で生命体が変化してゆくことは生命体の進化と呼ばれます。何十億年と続く生命体の進化の歴史は、百万種以上といわれる現存の生物種のそれぞれの遺伝子の中に刻み込まれています。個別の生命種にとっては、環境の中に生息する他種の生命体も環境の一部と見なせます。個別の生命体にとっては、他種類の生命体だけでなく、同じ種類の他の個体も環境を構成する重要な要素です。私はあなたの環境であり、あなたは私の環境です。

環境とその中に生息する生物は多様な関係を持っているのですが、その中で、特に互助的な共生関係や競争的関係を強める進化が知られています。

互助的な共生関係による進化では、例えば受粉を媒介としたハチドリと蘭の関係がよく知られています。筒状の長い花は近くに昆虫が少なくても、嘴の長いハチドリによって、効率よく受粉が可能になります。また、このような花の蜜は嘴の短い鳥には食べられないので嘴の長いハチドリにとって都合がよくなります。

競争関係を強める進化は草食動物とそれを捕食する肉食動物の関係にも現れます。草食動物は目や耳が発達し、逃げ足が速くなり、肉食動物は嗅覚や爪や牙が発達します。

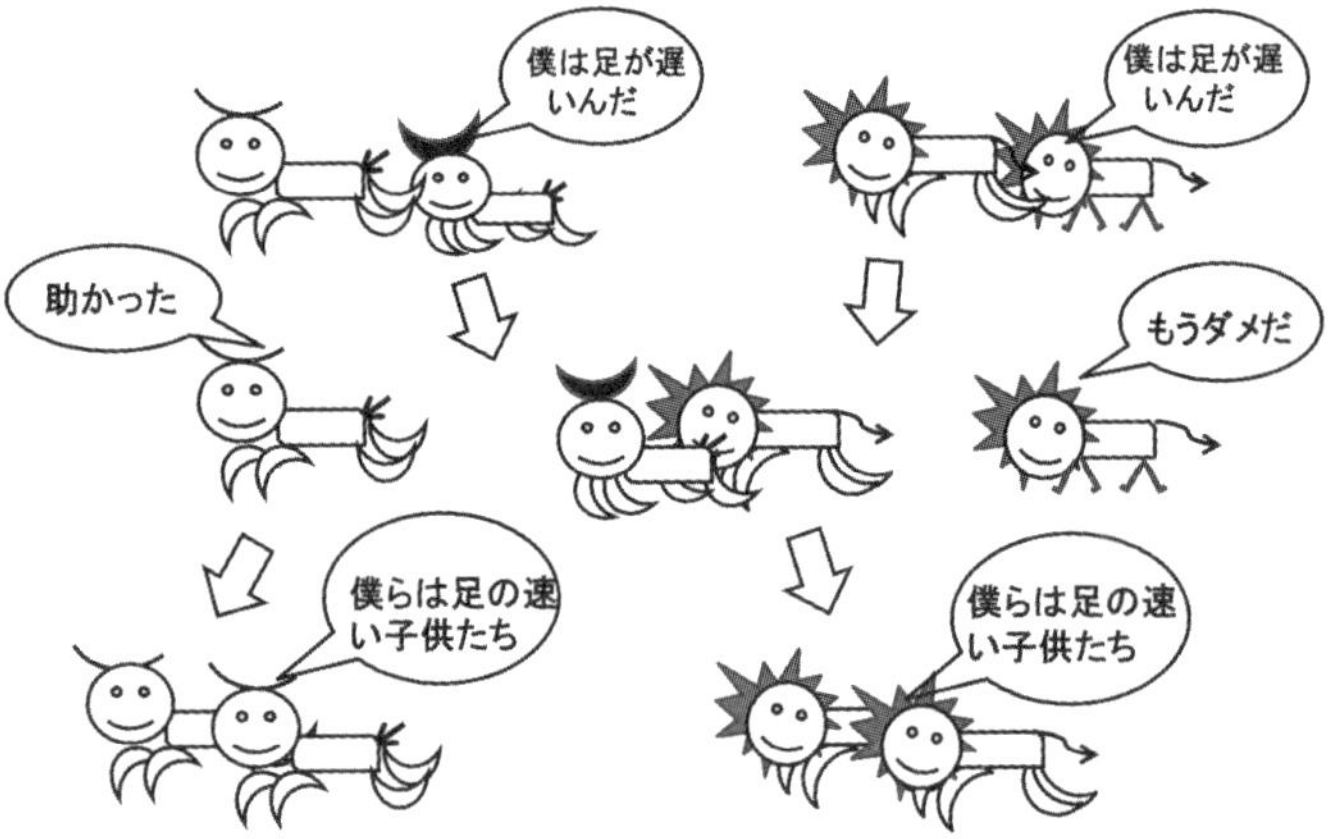

競争的共進化

このようにお互いに影響し合いながら進化してゆく生物とその環境要素である生命体の関係を「共進化」といいます。共進化は、もともと生物間の関係について述べられた言葉ですが、ここでは生物とその環境の間の関係についても、この言葉を使うことにします。人が作った文明や文化に対しても進化という言葉を使うとすれば、人が作った環境（人工環境）と人の間にも共進化が成立します。人が自然（環境）から道具や食物を創り出すと、これは自然環境を変化させ、その環境（人工環境）は人自身を進化させるように働くからです。

人類は、地球全体の歴史の中で見ればごく最近約二百万年前に現れた動物の一種ですが、その歴史の中で百九十九万年は自然の恵みだけに頼る、自然と一体の暮らしをしていました。現人類は二万年ほど前に出現し、一万年ほど前に農耕と牧畜を始め自然環境に手を加え始めたのですが、現在では地球全体の環境を急激に変えようとしています。この間、人類の捕食活動や産業活動などによって地球上から絶滅した多くの動植物が知られていますし、人類が作り出した多くの化学物質や二酸化炭素が引き起こした地球そのものの汚染や温暖化現象などは、人類自身の存続をも危くしています。人類が変えた自然環境と地球上の生物の共進化によって、地球は生物の大量絶滅時代に突入しているといわれています。

ここからは、数万年かけて進化した現代人が、環境とどのような心理的な関係を造っているのかについて考えましょう。

これからは、行動という言葉を広い意味で使います。身体的な運動だけでなく、その元となる精神活動や欲求、無意識の判断も含めることにします。環境の中に行動の動機があり、環境は行動を制限します。また、行動は環境の中で行われ、環境に働きかけます。もう少し正確に言えば、行動は環境の要素に働きかけ、要素の状態を変えるのです。

人類は数万年かけて自然環境と共存しながら、自然環境に働きかけ、それを変更し、人工的な環境を創ってきました。

次に、人工環境は自然環境とどのように異なっているのか比較してみましょう。

自然環境と人工環境の特徴の対比

自然環境（環境要素：土、水、空気、動物、植物、季節など）

①生命を生み出す（多様な種の発生）
②生命体系を温存する（共生、食物連鎖など）
③生物は種毎に群棲する（森林、草原、動物、魚など）
④形態的に不連続な階層構造を持つ（宇宙、天体、物質、原子、生命など）
⑤自然選択が起こる（進化、絶滅など）

人工環境（環境要素：道具、家、道路、都市、規則、文化など）

①要素の分化・多様化が起こる（構造物、制度、文化など）

②　人に安全・快適・利便を与える（職業、文明など）
③　同質要素は集団を作る（同好会、地域組織、国家、宗教団体など）
④　機能的階層構造を持つ（都市構造、教育体系、法体系など）
⑤　効率優先原理が働く（企業、革命、環境破壊など）

人は生まれる前は胎内（胎内環境）で成長します。このときから、つまり胎児のときから、自己保存（生存）本能の他、感覚、共鳴、記憶、運動という能力を持っていると思われます。感覚とは環境を知覚する能力です。共鳴というのは、後で詳しく述べますが、ある種類の刺激に特別に応答するという能力です。記憶とはそのような知覚の経験が身体や脳に残され、想起されることです。

そして、胎児でも、胎内環境に対していろいろな行動をします。これらの能力は、生まれ出た直後から、胎外の環境の中で、いろいろな経験の繰り返しによって、人として成長する基礎となる力です。このような生得的な力の起源は生体の細胞レベルまで遡れば、遺伝子に組み込まれているのですが、ここでは生まれてきた子どもが、胎外の環境の中で多様な経験を通して、感覚や脳や身体器官を発達・成長させるという事実を出発点とし、誕生後、子どもの発達・成長を可能にする生存、感覚、共鳴、記憶、運動という能力を「生命の力」と呼ぶこととします。

人が誕生、成長してゆく過程で、どのように環境変化を経験するのか考えましょう。人間の赤ちゃんは生まれるとすぐ五感（触覚、味覚、嗅覚、聴覚、視覚）を使って環境を感知し、行動しようとします。この世に生まれ出ると食欲、睡眠欲、快適さなど生命体の最も基本的な能力である生存本能のもとで、初めは、触覚に基づく行動が最も顕著に現れます。刺激や環境を触覚によって知覚し、物を握る、温度を感ずるなどの応答をします。

さらに、誕生後数か月で、味を識別すること、声を聴き分けること、人の顔を見分けること、音のリズムに合わせて体を動かすことなどができるようになります。運動能力の成長とともに子どもは急速に世界を広げ、環境についての体験を深めます。体験を通して環境に存在する物の形や運動について記憶し、物の関係や機能を知り、環境のイメージ（世界観）を創っていきます。自分で移動できるようになると探索を始めます。体験、遊び、学習、探索という行為はほぼこのような時間的順序で現れますが、これらの行動の発展・成熟は、それぞれが深く連携し合って、同時的に進行します。その過程で自分自身についての意識や他の人からの応答の意味や変化に合わせて、身近な世界との関わりを広げてゆきます。世界とのこのような関わりは、子どもの時期だけではなく、成長する人と環境の間に見られる一般的な関係です。

しかし、個人の具体的な行動はこのような一般的な法則で、どこまで説明できるものなのでしょうか。人は、初めに身近な世界を感覚で認知するということは当然のことのように思えます。感覚というのは、いわゆる五感のことですが、視覚以外のこれらの感覚は誕生したときから成人に近い能力を持っているようです。人が環境を受け止める方法はもちろん五感だけではありません。

逆に、人が外部からの刺激を認知するという場面では、「心ここにあらざれば、視れども見えず、聴けども聞こえず、食せどもその味を知らず」というようなことは日常よくあることです。感覚だけでは環境を受け止められないということです。例えば、都会の雑踏という環境の中で、二人の人が同じ場所、同じ時刻にいたとしても、二人にとってその環境の様子や意味は全く異なっていることもあります。人は環境を感性で受け止め、行動しますが、人の考えや行動を実質的・最終的に決定する要因は、このような客観的な環境だけではありません。「実在」とは無関係でも、何かが「ある」と思えば行動するし、「ない」と思えば行動しない、または、この逆のときがあるのです。

ここで、第2章、第3章で述べる内容を要約しておきましょう。

「心ここにあらざれば……」というとき、心とは何でしょうか。

人の自主的な行動を決定したり、行動を起こさなくても感じたり、願ったり、評価したりする行為は意識といってよいでしょう。「心ここにあらざれば……」は「意識ここにあらざれば……」といってもよいのではないでしょうか。しかし、行動を起こすときは、いつも意識しているわけではありません。行動の動機（欲求）には自覚的または無自覚的な欲求があると考えられます。無自覚的な欲求とは、例えば、生理的反射や習慣的行為、自分では説明できない動機などを表します。

そこで、個人の経験に基づき、環境に応答し、評価し、行動しようとする欲求及び無自覚的な欲求を「こころ」と呼ぶこととします。こころは意識よりもっと深い部分に現れる精神活動です。

そこで、第2章で詳しく述べますが、こころとは、「生命の力によって、環境の中で、自分自身の安全を確保しながら、感情を表したり、遊んだり、学習したり、探索したりという行動をしようとする欲求」であると定義しておきましょう。他人の意図を推察する行為などはこころとは呼びませんが、推察したいと思えば、それはここでいうこころです。こころと意識の関係については第4章で取り上げます。

ここで環境という概念を広く解釈して、自分の身体を包んでいる物理的な環境だけでなく、自分が観察したり、判断したり、その結果に基づいて行動したりする自分自身の経験や知識、価値観などを含めたものを環境と呼ぶことにします。このような環境に対応する主体がこころです。実際、自分自身の経験や知識、価値観などは、このような環境とのやり取りの結果として獲得されてきたものです。

このように環境を経験や認知の対象だけでなく、それらのイメージや自分の行為・価値判断を含めた、現実に自分の行動を制御するものを「こころの環境」と呼びましょう。人は生物的身体の外にある環境（これを明確に分ける必要があるときは「からだの環境」と呼びます）だけではなく、こころの環境のもとで行動します。例えば、思い込みや期待、価値観などは行動に大きな影響を与えています。身体的な行動はからだの環境に対して行われるのですが、行動の選択や決定は、それぞれの人のこころの環境の中で行われます。

こころの環境はそれぞれの個人（こころ）の持つ環境であって、二人の人が完全に同じこころの環境を持つということは決してあり得ません。

からだの環境に現れる個人の「客観的」身体能力、つまり、他人が見る能力であっても、自己評価や価値観などと深く関連しています。

したがって、こころの環境の要素には病気やケガなど自分自身の身体状況に対する自分自身による認知や評価も含まれます。

からだの環境とこころの環境の対比

からだの環境

主体は人格的人
自分の身体や経験は環境要素に含まれない

こころの環境

主体はこころ
自分の身体や経験は環境要素に含まれる

私たちは、普段、こころの環境を通して、からだの環境の中で行動しているので、からだの環境を共通・普遍的に理解をしているとは限りません。

例えば、太郎の人格とは、太郎のこころがこころの環境に対して行う行為を、他の人である次郎が、からだの環境から観察し、次郎のこころの環境を通して認知した太郎の特徴です。

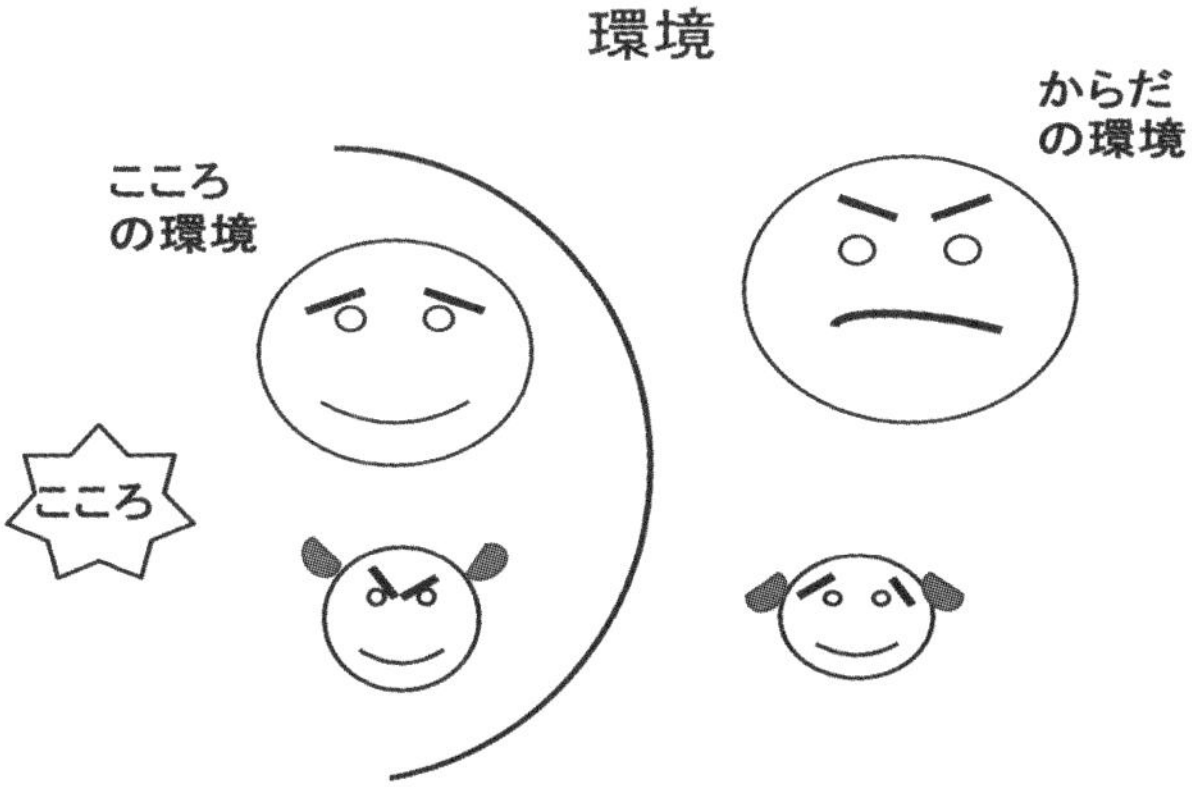

私「この人は怒っていないけれど、犬は怒っている」
あなた「この人は怒っているけれど、犬は怒っていない」
どちらが正しいでしょうか？

これは客観的とはいえません。特定の方法によって観察し、同じ結果が再現されるときは、その「方法」が有効であると見なされる状況のもとで、からだの環境が「客観的」だといえるでしょう。つまり、科学的知識などといわれるものは、その「方法」が有効であると見なされる状況のもとで、客観的といえるでしょう。

こころの環境とこころは密接に関係しています。

例えば、こころの環境の中に造られる自己のイメージの評価（自己評価）が変化すると、欲求（こころ）も変わります。また、環境の中に存在する特別な対象に対する関心（こころ）が高まると、その対象について情報を集め、対象のイメージ（こころの環境）を変更させてゆきます。人は経験・学習によって適応・変化するので、こころとこころの環境は共進化するといってよいでしょう。

からだの環境は人の生命や身体と直接的・強制的な関係を作りますが、こころの環境はからだの環境からのそのような直接的応答から自我や人格やこころ（欲求）を保護し、調整する緩衝地帯の働きをします。

人はどのようにこころの環境を創ってゆくのでしょうか。次章以降ではこの問題について考えます。

人は生まれながらに、三つの欲求（内発的欲求）に従って行動するといわれてきました。好奇的欲求、感性的欲求、適応的または操作的欲求です。これらの三つの欲求は具体的な行動において異なっているので三つと数えられているのですが、これらの欲求を制御し発展させることが「知、情、意」といわれる教育の理念にもなっていました。しかし、人の毎日の行動を観察すると、この三つのどれにも分類できない行動のパターンがあることがわかっています。人の行動はこの三つの欲求だけでは記述できないということです。

第2章で詳しく説明しますが、ここではさらに二つの内発的欲求を付け加えることにします。それは生存欲求と繋合欲求です。生存欲求とは「生きたい」という欲求です。繋合欲求とは「人とつながりたい」という欲求です。改めて五種類の内発的欲求を生存欲求、感応欲求、繋合欲求、好奇欲求、操作欲求と呼びましょう。

ここで、先に述べた五つの内発的欲求による典型的な行動について簡単に述べておきます。

大事なことは、内発的欲求は生得的なもので、意志に基づく欲求ではないということです。人が成長すれば自己意識や意志や価値観を持つようになります。内発的欲求はこれらの意識や意志や価値観を形成する動機となりますが、成人になると、逆に、意識や意志や価値観は内発的欲求による直接的な行動を制御することもあります。

赤ちゃんは生まれるとすぐ、生まれた環境の中で保護を求めたり、危険を避けようとする「本能的」な行動をします。これを生存欲求と呼ぶのです。

自分の安全が侵されない環境では、どの子どももほぼ同じような感覚に従った行動を始めます。主として五感を使って体外の環境を感受し、環境と「応答」する時期です。これらの応答は感応欲求によって行われます。感覚や感情を伴った行動の経験を体験と呼びます。体験はいつも狭い小さな環境の中で行われますが、環境を認知し、個人のこころの状態を表現し、行動を選択するうえで、決定的な役割を果たします。

人間の感情表現は、人と人の言葉による結び付きよりずっと早く現れ、こころの状態の相互伝達手段になります。

子どもの行動で最も一般的に見られる微笑みや戯れるという行動は、「人とつながりたい」という内発的欲求（繋合欲求）によってなされます。物質の世界では、情報によって、同じような構造を持つ物と物が連動した動きを起こしたり、結び付く現象を共振や共鳴といいますが、集団行動をする動物や人にもこのような構造・欲求があると思われます。乳幼児の集団では全く個人的な理由で一人の子どもが泣くと他の子どもも泣き出すことがあります。人とつながる、集団を作るという行動は、共感を通して実現しますが、感情表現や学習、操作行動などと異なり、孤立した人には実現できない欲求です。

ここでは特に遊びに注目しましょう。

遊びという概念は、人の一生を通じて、否定的な見方も含め、いろいろな意味で使われ、よく整理されていませんが、重要なことは、遊びは感情表現や学習や操作行為と同様、集団で生きるという人の自然な成長に欠くことができない意味を持つということです。第3章で議論しますが、遊びは、他の人や動物との共感を追求する行為であると定義できるでしょう。このように遊びを定義すると、0歳から二歳ころまでの探索的行為や「一人遊び」は、ここでは、遊びではなく、他の内発的欲求である好奇欲求や操作欲求に従う行為であると考えることができます。

からだの環境であっても、こころの環境であっても、環境が安定していれば、応答を繰り返すことによって環境の多様な側面を認知できるようになります。このことを「学習」と呼びましょう。ここで述べる学習は特定の目的を持って環境にある事柄や物について勉学をすることではなく、生命の力により、感覚や記憶、身体能力などに対応して、こころが、からだの環境の心象（モデル）からこころの環境を作り制御することです。学習によって、こころの環境の姿や機能は変更されるので、学習はこころの環境と応答し合うといってよいでしょう。

学習という行為を生み出すのは好奇欲求といわれるものです。環境の中の個別的対象や事象の共通的な特質が、それぞれの人が持つ時々の心情や関心や経験に結び付けられ、評価され、認知されます。観客的に認知されるわけではありません。このような認知の仕方の一つに「メタファー（暗喩）的認知」があります。

メタファーは本来、暗（隠）喩法またはこの方法を使った言語的表現法を指しますが、今日では、メタファーは、広く多くの概念に見られる普遍的なものであり、思考過程の一般的な特質を表すものであるという考え方があります。

私たちもメタファーはこのような機能を持った認知・思考形式であると考えます。例えば、「冷たい心」「深い森」「時は金なり」などの認知は典型的なメタファー認知です。子どもの認知傾向を検討するとメタファー認知であることがわかります。アニミズム（物心論）は子どもがただ、推論の前提となる経験や知識が少ないところからくるメタファー的認知であり、因果律を否定するなどの推論規則を破ったりするものではありません。幼児の絵画による表現についても同じです。人はメタファーによって対象や環境の心象を作ります。

いわゆる〝科学的認知〟といわれるものは、特定の手段によって認知の検証がされるような認知ですが、科学的認知は人の認知行動のごく一部分を占めているにすぎません。さらに、科学的認知の基礎となっている概念にもメタファー的概念が多く含まれています。

人が何かに挑戦するという行為は、おもに内発的欲求の一つである操作欲求に基づくと考えられます。ここで、操作とは自分が特別に関心を持ったことへの試行錯誤的な追求です。自分と環境の間の距離を変化させる、または自分自身を意識し、変革することが関心事です。

体験や学習はそれぞれ、おもに感応欲求や好奇欲求に駆動されますが、体験も学習も操作も生得的な欲求の発現であり、操作欲求に伴う特徴的な行動は、「自己意識」の形成や「趣味」を持つ、「創作」をするなど、環境を広げることです。からだの環境は、時間的・空間的にはいつもおのずから変化をしていますが、そこにさらに自分が加わって環境を変更するのが操作欲求といってよいでしょう。学習は記憶能力を育てるように、操作は想像能力を育てます。

これまでに述べた生存、体験、遊び、メタファー認知、操作はおおむね内発的欲求の発現に対応して現れ、どれも人の成長にとって欠かせない基本的なものです。内発的欲求の発現時期は同時ではありませんが、互いに関連し合って、こころの環境と共進化してゆきます。

生存、体験、遊び、メタファー認知、操作などはこころの環境の形成にどのように働くのでしょうか。また、人の成長をどのように決定するのでしょうか。第２章以下ではこの問題を考えます。

人生で出合う様々な悩みの由来を考えると、その悩みを解決したり、軽くできることは意外と多いものです。組織内では「いじめ」やハラスメントが問題になっています。また、ストーカーや「動機のわからない」犯罪が毎日のようにマスコミなどで報じられています。

こうした「こころの闇」が関わるような問題では問題発生の過程や問題の構造を自覚すること、言い換えると、こころの環境を自覚することが問題解決の手助けになる

ことがあります。こころの表出による癒しやトラウマによる苦悩からの解放のための
カウンセリングでもこのような方法が使われているようです。

■第２章

こころの環境

第２章　こころの環境

この章では環境と人のこころとの関係について考えます。

乳幼児が内発的欲求に従って環境に積極的に働きかけていること、その結果、それぞれの子どもにこころの環境が形作られてゆくこと、こころの環境は、ほとんど自覚されることなく、からだの環境の代理環境として、人の世界観を育て、行動を制御してゆくことなど、すなわち、こころとこころの環境の共進化について述べます。

1 こころ

　幼い子どもの行動を観察したり、子どもの思いに対応していると、こころとはまず「欲求」であると考えることができます。乳幼児は眠る、食べる、排せつなどの生理的な行動をすることは当然として、動き回る、笑う、逃げる、泣く、立ちすくむ、指差すなどの行動を行います。そして、一歳半ばになると、これらの行動をするときはいつも、喜ぶ、嫌がる、悲しむ、驚く、気にするなどの感情を伴っているように思われます。これらの行動が始まる時期は一人一人の子どもによっていろいろですが、どの子どもにおいても、生まれながらに行う行動です。

　このような行動を行うとき、子どもは必ずしもそうした感情を自覚しているわけではありません。そこで、自覚されない場合も含めて、これらの行動をとる際の欲求の存在を仮定して、これらの欲求を生得的欲求あるいは内発的欲求と呼びましょう。感情は欲求の強さや実現の程度に応じて表されます。

子どもが歩いていて転んだとき、耐えられないほどの痛みを感じて泣くことがあります。もちろん、これは「痛いのは嫌だ」ということの表現ですが、これは「痛いことは避けたい」という内発的欲求があるからでしょう。そこで、子どもを行動（この場合は泣くという行動）に駆り立てる欲求をこころと呼ぶのです。こころには、自覚されない、したがって無意識の欲求も含まれます。

余談になるかもしれませんが、「こころ」という言葉については一般的な使われ方でも、研究者が特殊な目的のために使うときもいろいろな意味を持っています。例えば、ある研究では、「他人の目的・意図・知識・信念・思考・疑念・推測・ふり・好みなどを理解する能力」と定義するようですが、ここにはいろいろなものが混ざっています。自分の目的・意図・知識・信念・思考・疑念・推測・ふり・好みなどを理解する能力を果たしてこころと呼んでいいのでしょうか。

内発的欲求の特徴や種類についても研究者によってはいろいろ提案されているようですが、ここでは、自分自身の身体を守ること（生存欲求）、感情を表すこと（感応欲求）、仲間を求めること（繋合欲求）、目新しい物に関心を持つこと（好奇欲求）、自分の環境を試すこと（操作欲求）の五種類の欲求の存在を仮定しましょう。これらは子どもの多様な行動を無理なく分類できる最少の区分になっていると思います。

内発的欲求は人が動物として持っている基本的な欲求であり、遺伝子の中に組み込まれています。このような内発的欲求による行動を可能にする、基本的な能力を、人は誕生する以前から持っていると考えられます。それらは生体反射する力、感受する力、共感する力、記憶する力、運動する力です。これらの能力は本能といわれる力です。生体反射力は生存欲求や繋合欲求の前提となる力です。感受する力は感応欲求や好奇欲求の前提となる力です。共感する力は、人が特殊な刺激に強く反応するという、進化の過程で獲得している力で、好奇欲求や操作欲求の前提となる力です。記憶する力は感応欲求や繋合欲求の前提となる力です。そして運動する力は生存欲求や操作欲求を実現させる力です。

逆に見ると、生存欲求の実現には生体反射力や運動する力が必要です。感応欲求の発現には感受する力と記憶する力が必要で、繋合欲求の実現には反射能力や記憶能力が、好奇欲求の発現には感受する力と共感する能力が必要です。

また、操作欲求の発現には運動する力と共感する力が必要です。人の活動にとって重要な想像能力などは知識や経験を必要とするので基本的な力には含めませんでした。このような基本的な力を生命の力または本能の力と呼ぶこととします。

内発的欲求やそれに基づく行動は、人としての生命活動そのものであって、ほとんど無意識的に行われ、私たちが持っているような学習された価値観や目的があって発生する欲求ではありません。人として、進化の過程で獲得された能力であると考えられます。

ここでは、生存、感応、繋合、好奇、操作という五つの生得的欲求を「基本欲求」と呼ぶことにしましょう。基本欲求は子どもが生まれながらに持つだけでなく、経験や環境に依存して、形を変えながら人が生涯、持ち続ける欲求です。基本欲求は子どもと成人の行動に見られる基本的な概念であり、こころを構成するものです。

基本欲求（こころ）とそれに伴う子どもの典型的行動

乳幼児期によく見られる主要な行動を基本欲求毎に分類してみましょう。

個別の具体的行動がいくつかの基本欲求に同時に関わることはありますが、五種の基本欲求は、概念として互いに質的に異なると考えてよいでしょう。さらに、乳幼児のすべての行動は基本欲求の組み合わせに基づくと考えてもよいのではないでしょうか。

生存：生理的行動、回避行動、人見知り、愛着、運動、……

感応：五感による認知、気質、感情表現、かみつき、情動、……

繫合：微笑み、戯れ、後追い、同調、遊び、集まる、……

好奇：指差し、関心、言葉、暗喩、学習、研究、……

操作：探索、執着、自己意識、競争、挑戦、環境改変、創作、……

ここで取り上げている「愛着」「情動」「遊び」「暗喩」「自己意識」「創作」などの言葉については第３章で解説します。

成人でも、基本欲求はこころを構成する根幹ですが、生活しているからだの環境によって欲求の具体的な対象や形態は変わります。個人の生活状況、社会制度、文化、宗教などが関与するからです。

ここでちょっと寄り道をしますが、作家夏目漱石の小説『草枕』の冒頭に、「智《ち》に働けば角《かど》が立つ。情《じょう》に棹《さお》させば流される。意地を通《とお》せば窮屈《きゅうくつ》だ。とかくに人の世は住みにくい」

という有名なくだりがあります。世の中では、「智、情、意」は人において最も大切なこころの要素であって、これらを育て磨くことが教育の理念であると考えられているのですが、漱石は、これだけでは世の中は住みやすくはならないので、芸術が必要であるといっています。

人の行動が基本欲求に基づくとすれば、智、情、意はそれぞれ、好奇欲求、感応欲求、操作欲求に基づく行動であると考えられます。もちろん、人はこれらの欲求だけで生きているわけではありません。他にも生存欲求と繫合欲求があります。

漱石は生存欲求に基づく行動について言及していませんが、芸術の中に、繫合欲求に基づく、こころ穏やかな人間関係を求めたのではないでしょうか。

2 こころの環境

さて、乳幼児が環境をどのように認識するかということについては、近年いろいろなことがわかってきたようです。

乳幼児は一人一人から見れば偶然的に定められた環境の中で生活を始めます。生まれたばかりの子どもは外の世界にある物の形や意味や人のこころなどについて、当然のことですが、ほとんど、経験による理解や区分や応答はできません。

しかし、子どもは自分自身の安全を確保しながら、内発的な基本欲求に従って行動できます。この行動に対する環境からの応答を体験することによって、自分の近くの世界を少しずつ把握してゆきます。ごく初期から具体的な事物や人と同時に、その事物や人の行動パターンや、その事物や人が自分に対して持っている意味を体験的に把握し、記憶してゆきます。このような把握が可能であるのは感受する力、記憶する力、反射・応答する力という生命の力によります。

これらの事物や運動の規則や意味の体験の結果は、一体となって子どもの世界観を構成します。言葉を変えると、子どもが持つ世界の表象を創るということです。子どもは自分の世界の表象を手がかりにして、さらに行動します。

ここで、重要なことは、人はいつも環境を自分の身の回りのきわめて狭い部分でしか体験できないという事実です。しかし、からだの環境は無限の大きさ、広がりを持っています。したがって、からだの環境の中で行動範囲を広げるとすれば、いつも未体験の事物や世界が現れます。このとき、人は体験したことを目の前の未体験の事物や世界に当てはめて行動しようとするでしょう。未体験の事物や世界について想像をするのです。体験したことが、いつも同じような印象を与えたとすれば「世の中はそういうものだ」と思うようになるのでしょう。成人の場合について例を挙げれば、「二度あることは三度ある」「早起きは三文の得」「先祖の因果が子に祟る」等々です。

このように自分の体験や知識によって形作られる（世界の）認識を「こころの環境」

と呼びましょう。

人が誕生すると、内発的な基本欲求によって行動し始めるのですが、ここで重要な関わりをするのは環境です。ここでは環境という概念を広く解釈して自分がいろいろ考えて判断したり、その結果に基づいて行動しようとする自分自身の体験や知識、価値観などを含めたものを環境と呼ぶことにします。

このような環境の主体がこころです。実際、自分自身の体験や知識、価値観などは、このような環境とのやり取りの結果として獲得されてきたものです。

このように「こころの環境」にはいろいろな要素が含まれています。人は生物的身体の外にある環境（これが「からだの環境」です）だけではなく、こころの環境のもとで行動しているのです。

身体的な行動はからだの環境の中で行われるのですが、行動の選択や決定は、それぞれの人のこころの環境によって行われます。

子どもは、初め、からだの環境に対し、五種類の基本欲求による行動を起こしますが、行動とその効果が学習されると、欲求（目的）の実現を目指すとき、目的の分析（評価）によって対応方法（目的の実現方法）の選択をします。この過程（目的の分析と方法の選択）は、心理的・身体的傾向（気質）、共感（感性、価値観などの共有）、体験（学習）に依存して行われ、試行錯誤を繰り返しながら、記憶され、分類され、体系化され、こころの環境（世界像）を生成していきます。こうして、こころの環境の要素には生命観、人生観、価値観、世界観、自己認識などに関わる体験の記憶や概念が含まれます。

成人もそれぞれほぼ固定的なこころの環境を持っています。もちろん、それらはその人のからだの環境とは異なるものです。世界観、価値観、知識、体験、自分の仕事についての認識、地域や人々との関係、自分自身の身体やこころの状態に関する認識などはこころの環境の基本的な要素です。

こころの環境が形成されると、こころの環境を通してからだの環境を見るので、欲求処理の形が同じならば、個別の欲求の実現が容易になるでしょう（学習効果）。しかし、新しい欲求が未知の性質を持つときは、欲求処理の形が変わり、既存のこころの環境の修正が必要となります。したがって、こころの環境が非常に強固である、言い換えると固定概念が強いと、新しい要求の実現が困難になることもあるわけです。例えば、信念、愛憎、誤解、期待、価値観などは行動やその結果に大きな影響を与えます。

こころの環境が基本欲求による行動の結果、形成されるものであるとすると、それは、どのような構造や特徴を持つのでしょうか。

第1章で取り上げた自然環境と人工環境はからだの環境の中での分類ですが、第1章では、それぞれ五種類の特徴を挙げておきました。

こころの環境も対応する五種類の特徴を挙げるとすれば、それぞれの要素は、自然環境と人工環境の中間的な特徴を持ちます。

こころの環境　――環境要素

①　こころが直接または意識を媒介として創り出す世界のイメージ
②　こころとからだの環境との接触領域であり、こころを保護し、安定を図る
③　からだの環境に対し、個性を表現し、人との共感を実現させる
④　からだの環境、自分の身体、自己意識などの環境要素の階層構造を持つ
⑤　からだの環境要素の変化や試行により変化。こころと共進化し、行動を制御する

こころの環境は個人の持つ環境であって、二人の人が同じこころの環境を持つということは決してあり得ません。からだの環境に現れる個人の「客観的」身体能力や病気などでも自己評価や価値観などは深く関連しています。したがって、自分自身の身体状況に対する評価も環境要素として含まれます。

個性とは、こころがこころの環境に対して行う行為を、からだの環境から観察した、

個人毎の特性です。このことは、こころの環境が変わると個性が変わるということを意味します。

こころの環境はからだの環境のように不変なものではありません。こころの環境を通した、からだの環境への行動とその反応によってこころの環境は変化します。ここころとこころの環境が共進化するのはごく自然なことです。例えば、自分が何かを望んでそれが実現すれば、世界は可能性のあるものだと思い、自分の欲求をもっと広げるでしょう。逆に、失敗すれば世界のイメージは厳しいものになり、欲求を抑えることになります。

こころの環境は、人が成長するのに伴い、どのように変化するのでしょうか。からだの環境は、人の成長につれて、最も身近な家族環境や学校などの社会環境が変わります。特定の仕事などに就けば、これも大きい変化となります。これらの環境に登場する人々は、からだの環境の重要な要素です。

現代は社会環境自体が、人の平均的な寿命よりずっと早く変化しています。早すぎて、こころの環境の中にあるからだの環境のイメージは混乱してしまうかもしれません。現代のような情報社会では各個人がこころの環境を通して何を選択するかが重要なのかもしれません。

人は成長や経験によって、身体的にも精神的にも大きく変化してゆきますが、人である限りこころを持っています。こころを構成する五つの基本欲求の実現は人が生きる動機であり、エネルギーとなっています。身体的・精神的変化に従って環境の認識も変化させ、変化したそれぞれの環境認識に従って行動を選択してゆくことによって、これらの欲求を充足してゆくことが人の幸福感の根底を作っていくのではないでしょうか。また、この幸福を目指す選択が自身の環境を変化させ、その結果が、再びこころのありようにも影響を与えます。

こころの環境という考え方の何が新しいのでしょうか。

私は環境と行動を広く解釈して、人のすべての行動を環境との応答であると考えています。人は自分の外側にあるからだの環境や自分自身のイメージの中で行動します。その行動の主体がこころです。これは、人の成長についての「生まれか、育ちか」

という二元論とは異なる立場です。

①主観といわれる欲求を客観視する土台となる

主観は個人の持つ価値観、感性、行動傾向などを表す概念ですが、個人毎に異なり、客観的分析や自分自身による説明は困難または不可能という扱いをされることが多いようです。しかし、こころの環境という「客観的」概念の導入によって議論や内省が行いやすくなるのではないでしょうか。

②個性出現の構造を示す

個性は、からだの環境から観察される、個人毎の行動傾向、思考傾向、性格などの違い・特徴です。人はこころの環境との関係で感じ、考え、行動するので、個性とは基本欲求に基づく、それぞれの行動の傾向であるともいえます。この意味では個性はこころの環境が現れ出たものとなっています。個性の形成はこころの環境の形成過程によって分析できるのではないでしょうか。

③ 人格変化の原理を示す

人格または性格は容易には変わらないと思われています。その理由の一つとして生得的なこころの問題があります。しかし、人格はそれだけで決まるわけではありません。からだの環境やこころの環境によって、その現れ方や評価が大きく異なります。言い換えると、環境が変わると人格や性格は変わる可能性があるということです。からだの環境が変わらなくてもこころの環境が変わることによって、人は変わるのです。

横道にそれますが、日本の公的幼児保育の基準は政府による「保育所保育指針」に従うと定められています。

「保育」は幼児教育も含む言葉ですが、幼児教育の「領域」として「健康」「人間関係」「環境」「言葉」「表現」の五領域が指示されています。

これらの領域で、例えば０歳児に期待されていることを要約すれば、

健　康――自由に手足を動かす心地よさを知る、声や物音に反応し体を動かして快不快を表す

人間関係――あやしてもらうと喜ぶ、大人の歌やリズムに体を合わせて楽しむ、真似することを楽しむ

環　境――戸外に出て、植物、動物、乗り物などを見る、いろいろな素材の玩具で遊ぶ

言　葉――音や会話に関心を持つ、話しかけられたら声を出して答える、喃語《なんご》（生後約三か月から九か月頃、幼児が反復して行う意味をもたない曖昧な発声）を話す

表　現――土や水などの素材に触れ全身で感触を楽しむ、歌を歌ってもらい楽し
　　　　　　む

などとなっています。

これらの領域で期待されている子どもの行動は、内容的には、順番に基本欲求の生存、繋合、操作、好奇、感応に対応した行動です。幼児教育は人の生涯にわたる成長とその方向に大きな影響を持っていますが、このことを思い起こすと、子どものこころの全面的な成長を目指すことは、言い換えると、幼児教育の領域が基本欲求に対応していることは、大変重要な特徴です。

教育については第5章でも取り上げます。

■第3章

基本欲求についての話題

第３章　基本欲求についての話題

この章ではこころの本体である基本欲求の各欲求の中で、特に私が重要と思っている、いくつかの事柄を話題としたいと思います。

1 生存欲求 ――愛着行動

生存という欲求は五つの基本欲求の中でも基本的な役割を持っています。動物に生存の欲求があることは当然のこととして、子どもの日常的行動の中にどのような特徴が現れるかということは、あまりにも常識的な現象として、研究の対象にならなかったようです。

生存という基本欲求によって現れると考えられる子どもの行動の例を前章で挙げておきました。生理的行動、回避行動、人見知り、愛着、運動……です。生理的行動とは食欲、睡眠、排せつ、苦痛の訴えなどです。回避行動とは、見知らぬもの、特に動くものを警戒し、それから離れようとする行動ですが、乳幼児で体の移動ができないときは、顔を背けたり、泣いたりします。安心できる保育者に抱かれているとき、保育者がそのものに動揺していなければ、子どもは再度そのものを観察します。

このように、安定した保育者を拠り所としながら、環境との関わりを広げてゆくという行動の仕方は、乳幼児が自分で移動できるようになると活発になります。のちに述べるような感応、繋合、好奇や操作という基本欲求に従って出歩くだけでなく、疲れたり、不安になったり、危険を感じたりすると、経験によって、安全であると感ずる人や場所へ逃げ込み、危険などが去ったと思うと、また探索を始めるという循環運動が始まります。これらの行動は動物にも見られる基本的な行動で、人間の大人でも同様です。

ここで大切なことは、循環運動はからだの環境の中で安全安心な人や場所が存在しているということだけでなく、こころの環境の中でもそれらが安全安心な拠り所として認識されていることです。子どもの主体的行動の場は、基本欲求に従った行動によって、からだの環境の中で急速に拡大してゆくのですが、子どもの行動はこころの環境に対して行われるので、基本欲求に従った行動が継続してできるためには、こころの環境の中に安全安心な拠り所ができていることが必要です。

こころの環境の中の安全安心な拠り所が安定して存在しているとき、そこを基地として、探索行動の場面や質を広げてゆくことを愛着行動（アタッチメント）といいます。愛着行動が活発になるのは生後八か月頃からといわれています。自分自身で移動が可能となり、それに伴って広がったからだの環境の中で、多くの見知らぬ人や物、不安なものに出会うからでしょう。もちろん、このことは、こころの環境も広げます。安全安心安定な拠り所とは、多くの場合、信頼できる養育者ですが、子どもの成長とともに変わります。成長に伴うこころの環境の拡大や、養育者の対応の変化によって、それまでの愛着の役割が小さくなったり、新しい愛着の拠り所が必要になるためではないでしょうか。

子どもが愛着の対象として保護者を選んだとき、保護者の適切な対応により子どもに安心感・安全感が生まれ、この安心・安全感を拠り所として環境に向かって積極的に行動することができます。安心・安全な場所を足掛かりとして、内発的な基本欲求に従って行動の対象となる世界を拡大するのです。

新しい世界の安全・安心が確認されると、そこに新しい安全・安心・安定な橋頭堡《きょうとうほ》（事に取り掛かるための足がかり。拠り所）が創られます。この新しい世界では子どもは何をしても許されます。そして、自分の知るこの世界は安心・安全な場所なのだという世界像が生まれます。この認識がこころの環境として定着します。

こころの環境で重要なことは、こころの環境を構成するこのような世界像はからだの環境からの新しい刺激・契機がなければ生涯を通じて維持されるということです。子どもはこころの環境を通してからだの環境に働きかけます。

子どものこのような行動様式がアタッチメントです。こころの環境の安定性を望むという欲求自体も生存欲求が持っている性質です。

子どもが愛着の対象を確保できなかったとき、子どもにどのような行動が現れるのでしょうか。自分の安心・安全感が達成されなくても、それを求める衝動はなくなることはありません。現実にそれらが確保されないと多様な代償行動が現れます。イライラして身近な対象に怒りをぶっつけること、不安から閉鎖的になり無気力になること、愛着対象の代替物（物や人）を探すことなどです。出現するこれらの行動は個人や愛着物の喪失過程・理由などによって異なるようですが、その前提となった世界像はこころの環境を構成する重要な要素で、一度こころの環境として固定（学習）されると、その後のからだの環境の変化には適応しづらくなるようです。乳幼児や子どもの認知では対象領域（経験）が狭いということ、表現手段が限られているという事実が重要です。

子どものからだの環境が、子どもにとって好ましいものであっても、好ましくないものであっても、この時期に作られるこころの環境は子どもの行動の仕方や価値観に大きな影響を与えます。そして、からだの環境が変化しないと、その後の人生に対して大きな影響を与えると考えられています。適切な時期に適切な愛着の拠り所が形成されることが必要なのです。

2 感応欲求 ——情動

感応という基本欲求は生得的に持っている感覚能力によって環境を探知し、その結果を表現したり、環境に返す（他の人に伝える）ことから始まります。環境との、このような応答は生まれる前から、胎児が胎内環境（子宮）の中で行っていることがわかっています。例えば、触覚や聴覚は胎齢六〜七月で一応完成し、母親が自身のからだの環境から受ける力や音などを胎児も感知しているといわれています。

この世に生まれてきた子どもは、親、家族、近所、地域、地方、国などという自然・社会・文化などいくつもの環境の体験を重ねます。これらの環境の重なりを「環境層」と呼びます。環境層は空間的に狭い層が広い、大きい層に含まれています。近くの層と層の間には複雑な関係があります。人は誕生以前から、これらの環境層からいろいろな影響を受けたり、影響を与え続けたりしています。誕生後に収得するいろいろな能力や世界観や寿命なども環境から大きな影響を受け、また、環境に影響を与えているのです。人の乳幼児期という特別な時期では、このことは特に重要です。急激な成長の時期であるとともに、乳幼児の住む小さな狭い環境層は大きな環境層に比べ、より直接的な関係を持っているのです。

感応欲求とは生存欲求（食欲、睡眠欲など）や感覚（五感）などを通して環境を感じたり、感情表現によって自分のこころの状況を環境に伝えようとする欲求ですが、言葉が使えない状況では当然としても、言葉を使っていても感情表現によるこころの状態の伝達は非常に重要です。前章では、感応欲求に分類される行動として五感が引き起こす行動の他、気質、感情、情動などを挙げておきました。

気質とは乳児のときから見られる、人の行動の特徴です。初めてのものに、非常に用心深かったり、恐れたりすること、欲求が満たされないときに激しく怒ったり、泣いたりすること、関心を持った物に執着したり、すぐに飽きたりするといったものです。これらの行動の特徴は個人毎に異なり、人の個性を構成する一つの要素ですが、子どもが生まれながらに示すこれらの特徴は遺伝子的な起源を持っていると考えられています。しかし、このような特徴を持った子どもを長期（数年）にわたって観察すると、その特徴が弱まったり、むしろ逆の傾向が現れたりすることがあります。これは、生まれながらに持っていた気質に、保育者などが対応したり、子ども自身の経験する環境が変化する結果ではないかと考えられますが、先天的な要素が変化しなくても子どもの気質がこのように変化するということは、子どものこころの環境が形成されてゆく過程にその変化が反映されていると考えられます。

感覚の発達や経験が蓄積されると感性（美しい、心地よいなど）や感情（好き、楽しいなど）によっても環境を判断したり、自分を表現したりします。感性については第４章でも取り上げますが、感性や感情は言葉では表せないことも表現したり、感受したりできます。状況によっては、言葉や絵画以上に重要な自己表現手段になります。

情動は感性や感情によって引き起こされる行動です。情動は生まれたばかりの乳児から老人に至るまで、人の全生涯にわたる行動において、最も典型的な行動類型です。

先に、基本欲求には五種類あると述べましたが、これらの欲求に伴う感覚や感情や情動の主要なものを挙げてみましょう。

生存：安らぎ、不安、恐怖　……
感応：快適、不快、憂鬱　……
繋合：愛しい、淋しい、嫌悪　……
好奇：訝る、退屈、面白がる　……
操作：挑戦、諦め、期待　……

基本的な欲求に伴う行動にはそれぞれこのような感情や思いが伴い、それらが情動といわれる行動を引き起こすのです。

情動の表現の仕方はいろいろです。表情、身振り、声、物、言葉、様式化された行為、芸術などです。ここで注目したいことは、情動は言葉より直接的な、感情や意志や価値観の伝達手段であるということです。実際、情動による意思疎通は胎児と母親の間で始まっているようです。また、「合理的」な思考や言語や生活習慣を越えて、人々の間で感情や意志や価値観についての合意を成立させることがあります。社会生活において、人の行動一般の中で最も基本的な行動原理（様式）であるといえます。グループ、伝統、流行、文化、芸術、結社、宗教、政治結社など、人は情動によって結び付くことが多いのです。
無意識の場合も含め、記憶されていることはすべて、何らかの情動を伴っているとも言われていますが、これは情動がこころの環境の重要な土台を造っていることを意味します。

3 繋合欲求 ——遊び

繋合欲求とは前に述べたように「仲間を求める」ことです。このような欲求は、雌雄の間の生存欲求に代表される動物の行動を除いても、広く動物界にも見られます。動物の子どもでも他の子どもに関心を持つことは日頃観察されます。自然界で見られる動物の群棲は環境にある食物を分け合わなければならないという不利な点もありますが、多数が集まることによる環境探索能力の向上や狩猟採取や危険な状況の感知などの能力向上という利点もあります。

実際どのような形態が実現しているかは、環境変化に伴う進化の過程で選択されてきたのでしょう。

動物は個体の大きさや色、におい、体液、声、振りなどによって他の動物に自己の存在を知らせる情報交換欲求を持ちます。媒介となる環境を利用する、このような能力と欲求は動物の共鳴能力の存在を仮定することによって説明できるかもしれません。例えば、人に感染するウイルスは人の特定の細胞に感染するようです。もちろん、このような能力は進化の過程で獲得されるものですが、共鳴能力は未経験の広大な環境において感覚器官の補完をします。例えば、動物はそれぞれ特定の音やにおいに敏感です。動物の場合、人とは異なる固有の感覚器官を持っているのですが、人の精神活動においては共鳴というより共感という言葉が適当でしょう。

人の子どもは生まれながらに人間社会に組み込まれてしまうので、この欲求は取り立てて注目されなかったように思います。しかし、近年、乳幼児の行動の観察から「仲間を求める」行動を基本欲求の一つと見るようになってきました。この欲求が繋合欲求です。幼児は泣く、新生児模倣、微笑み、人見知り、指差し、悪戯（ちょっかい）、遊びなど、早くから人に対する特別の関心を見せます。他人が困ることを行ったり、いわゆる「タブー言葉」を使うのは他人の関心を引き出したり、確認するための積極的な、効果のある方法です。

ここでは、特に、遊びについて考えたいと思います。

子どもはよく遊びます。子どもの行動はすべて遊びのように見えるのですが、このことは、遊びは本質において体験や学習、探索と同じように人が正常に生きるためには欠かせない活動であることを示しているように思えます。しかし、遊びの意味やその位置づけなどは保育関係者や研究者の間でも充分検討されていないように思います。

遊びは人の一生にわたって行われる行為なので、それらの形態や意味などについてまとめきれないということかもしれません。現代の社会を維持発展させようとする人々にとって、人々の遊びという行為は無駄なものという価値観があり、それが子どもの遊びを見るときの偏った見方になっているのかもしれません。遊びについて語られるときも、例えば、「遊びを通して学ぶので、遊びは意味がある」など、遊びの「効用」についてのみ語ることが多いようです。したがって、大人の遊びについても成立するような遊びの本質・定義を探るとすれば、文化や経験や価値観などの影響が少ない子どもの遊びに注目するのがよいと思われます。

子どもの遊びの様態をいくつか挙げてみましょう。

一歳頃までは一人遊びが多く、二歳頃保育者を相手に遊びます。三歳頃から保育者から離れ友達と遊ぶことが多くなり、四歳になるとごっこ遊びができます。五歳になるとかくれんぼなどの集団遊びが多くなり、大人の介入を嫌がります。

このように、未就学児は身体的成長とそれに伴う環境の急速な変化に伴い、遊びの方法・内容も大きく変化します。このように、子どもが普遍的に行う行動について考えるとき、子どもの欲求や成長にとって意味のない行動などは存在しないと考えるべきでしょう。

遊びの特徴をいくつか挙げるとすれば、

①　形態・機能が多様である
②　乳幼児期から始まる
③　仲間・ルールが必要
④　快感を伴う
⑤　遊びを禁じられると集中力低下や精神的問題（怒りや憂鬱状態）が起きやすい

などです。

第５章でもう少し詳しく議論しますが、このような特徴から、遊びは「繋合欲求に従って、他者との絆感を得るための共同行動」といってよいでしょう。ここで重要なことは「絆感を得る」ことが目的であって、それ以外の効用や目的を含めないということです。

このように遊びを定義すると、「一人遊び」は遊びに分類することは不適当でしょう。乳幼児の場合、「一人遊び」は好奇欲求による行動ではないでしょうか。

遊びの定義が、先に述べたようなものであるとすれば、遊びの評価の基準や方法についての観点も自然に定まってきます。

〔評価の基準〕遊びによって得られる絆感の量と質によって測る

〔方法の観点〕「発達段階」への対応、参加者の対等性、ルールの明確さ、（場所、方法、参加人数などの）変更の柔軟性など

遊びの経験が少ないと人間関係をうまく作れないといわれますが、これは、遊びの「効果」とされているルールの学習や身体的発達や友達関係の構築などの不足のため

ではなく、繋合欲求の不全、または他の人の心情や行動が理解できないなどの理由があるからではないでしょうか。

4 好奇欲求 ──暗喩

好奇欲求については、指差し、環境への関心、観念的事物への関心、学習、暗喩による理解などをキーワードとして挙げましたが、ここでは暗喩（メタファー）認知について考えます。

人がからだの環境を客観的に観察していないとすれば、環境をどのように認知・理解しているのでしょうか？　個人毎に理解の仕方は異なるのですが、ここに何か共通の傾向あるいは法則はあるのでしょうか？

子どもはからだの環境への行動の繰り返しや観察対象の他との類似性などによって環境を認識・理解してゆきます。生まれたばかりで、からだの環境について経験が全くないときでも、対象が持つリズム（時間的繰り返し）、パターン（空間的繰り返し）、いくつかの対象の間の関係性（大小、色や形の関係）、運動の因果関係（現象が起こる順序）などが、生命の力によって、感覚的に体験され記憶されます。

因果関係の記憶は特に重要でしょう。この中には、生理的欲求に対するからだの環境からの応答も含まれます。

しかし、子どもはもちろんのこと、成人の場合でもからだの環境についての認知や理解は、ほとんど「科学的」認知ではありません。

言葉を話すようになった乳幼児は具体的な物や事を、その場に対応した特別の言葉（喃語）で表現するようになります。このことから、個々の言葉は対象の持つ意味と結び合わされていることがわかります。言葉は音が連続した抽象的なものですが、これが具体的な物や状況と結び付いています。自分が関心を持った対象を、例えば、その対象が持つ特徴を表す「わんわん」「ふわふわ」など同じ音節を繰り返すオノマトペという語法で表現します。このような言葉は組み合わされて未知の状況を説明するためにも使われます。

意味や音が似ている、代替的な言葉（概念）を使って、対象の事物（概念）を表現する方法は、メタファー（暗喩または隠喩）表現へと発展・進化してゆきます。メタファーとは「ある物を別の物にたとえる語法一般」または「修辞法の一、複数の物を内的・外的属性の類似によって同一化する技法」（広辞苑）です。

子どもは言葉によって、いろいろな環境認知や思いを表現していますが、その表現はメタファーであるといってよいでしょう。乳幼児にとってメタファーを可能にさせる「内的・外的属性の類似」は、対象が持つ形、リズム、パターン、対象の関係性や因果関係などでしょう。「いないいないばあっ！」などの同じ行動の繰り返しや、ルールのあるごっこ遊びなどは、言葉の持つ抽象的な意味の共通的な理解なしには不可能です。

言葉におけるメタファーの特徴は、異なるカテゴリーに属する二つの概念を組み合わせて新しい関係や事実を表現するということですが、例えば、「こころが温かい」「腹が黒い」「時は金なり」「人生は旅である」など、抽象的な概念の性質や関係の表現に使われます。それらの表現は直接的で一般的であるという事実が重要です。

ここでメタファーの構造をモデル化してみましょう。

メタファー表現の構造

事象Ａの性質の一部を事象Ｂの性質を使って表現する。

事象Ａ（例えば時間）
Ａの性質の全体ａ〔いつも流れている、変動を記述する単位、速い、長さ……〕
事象Ｂ（例えばお金）
Ｂの性質の全体ｂ〔価値の交換手段、労賃、価格、経費……〕

ａとｂの組み合わせを作ると、「時を逃す、時間当たりの経費、時間の無駄、急がば回れ……」などの性質を含む集合になります。これらの中から、ａの中の目的と性質について、社会的または個人の関心や価値観に基づいて「Ａ（時）はＢ（金）である」と表現します。また、「果報は寝て待て」というメタファーもできます。

横道にそれますが、「AはBのようだ」という表現は〝直喩法〟といわれ、メタファーではありません。メタファーの本質は、「広く人が持つ諸概念の普遍的構造であり、思考過程の一般的特質を構成するものである」という考え方があります。メタファーがこのような機能を持つとすれば、多くの日常的な概念や科学的認識もこのような構造を持っていると考えられます。

メタファー表現はある状況のもとでは真実ではないと見なされます。しかし、どのような状況や前提のもとでも真実であるような概念や認識は存在しません。どのような真実・真理もそれらが成立するための条件があります。例えば「時は金なり」もある状況のもとでは真実となります。メタファーによる認知をメタファー認知と呼びましょう。

ピアジェが子どもの認知の特徴として挙げた物活論（すべての物質は命を持つとい

う考え方）、実在論（人が意識するものは、すべて実在するという考え方）、人工論（存在するものはすべて、人が作ったという考え方）なども子どもによるメタファー認知であると考えることができます。

物活論について考えましょう。

自然物や現象についての科学的な知識がなく、注目している物や現象に対して安全・安心な付き合いができないとき、人は誰でも既知の経験の中から自身の安全や安心を得ようと考えます。最も典型的なその方法は、自然にもこころがあって、お願いすれば自然もこちらの願いを聞き入れてくれるという「理論」でしょう。

これは物活論（アニミズム）につながります。この方法によって自身の安全・安心が得られるとすれば物活論は真実となります。自然の変動に対して人の安全・安心が説明されるならば、この理論は真実であり続けます。安全・安心が保たれないことがあれば、それは自然の怒りによるものでしょう。怒りをなだめる方法は自然の意思に逆らわないことです。お願いしても安全・安心が保たれないことが頻発すれば、初めて理論が役に立たないと考え、新しい理論を探すことになります。どんな真実も無条件に成立しているということはありません。

同じように、実在論や人工論もメタファー認知による世界観です。環境をメタファーによってとらえ、認知することは発見であり、創造です。文化史的に見るとメタファー認知は自然発生的に出現したと思われますが、現代でも、成人においてもメタファー認知が行われる、いくつかの理由が考えられます。

① 一般に、対象の認知は合理的な論理ではなく感覚（感応）から始まります
② 対象の認知は全体ではなく部分から始まります
③ 対象の時間的変化に際しては、しばしば、近接時間で比較します
④ 類推、パターン、リズム、論理構造の類似性などは判断や認知の一般的方法として有効です

〔例〕　心の闇、子どもは宝、流行の先端、人生は旅、魂の昇天

メタファー認知による発見や創造は、時々の社会的関心や価値観によって取捨選択され、忘れられるものも多いのですが、今日でも多くのメタファーが発見、再発見されています。

言葉による表現ではありませんが、絵画によるメタファー表現（認知）も考えられます。

画題を持った絵画について考えてみましょう。

画題は言葉で記述されることが多いと思います。絵画はこの画題に関連する何かを描いています。この何かが言葉で表現されたとき、画題のメタファーとなっていれば、この絵画は画題のメタファー表現（認知）となっているといってよいでしょう。

例えば、「時」という画題でお金の絵が描かれているときです。

子どもは鉛筆やクレヨンを使って、線や塗りつぶしを組み合わせて人物や動物を描きます。

例えば「お母さん」を三歳くらいの子どもが描くと多くの絵は、頭から直接手や足が出ている頭足人《とうそくじん》になります。子どもは乳児のときから日常的には人物（例えば母親）を識別し、他の人とは区別していることは明らかでしょう。しかし、「見たまま」の姿を絵で表現する技術は大人ほどにはありませんので、子どもが普段よく目にする人々のイメージを描きます。子どもが考える人の典型的な心象表現は頭足人です。頭足人は母親のメタファーです。

メタファーによる絵画や文学の表現は近代のシュールレアリスムやモダンアートに引き継がれているのではないでしょうか。

こころの環境も対象物のメタファー認知を通してつくられることになります。また、メタファー認知による多様性・多義性は直接こころの環境の多様性の一因となりますが、ある状況におけるメタファー認知の真実性はこころの環境の環境要素の真実性を意味します。こころの環境の中の真実性は個人のいろいろな体験やこの体験に基づく理論や解釈に依存します。

重要なことは、その真実性がその人の思考や行動を拘束するということです。例えば、日常的に見られる優越感や劣等感、希望や悩み、誇張、感情を利用する嘘の主張（演説）、論理を超越する芸術、抽象的なものを表す宗教、ある種類のトラウマなどです。

5 操作欲求——創造

人はいつも試行錯誤を行っています。操作欲求は、好奇欲求と異なり、環境を変化させることが特徴といえます。「知らないことには好奇心を持たないし、知っていることには好奇心を持たない」というパラドックスはよく知られていますが、操作欲求とは自分と環境の関係を拡張したい（広げたい）という欲求であり、対象について知っている、知らないという状態にはよらない欲求です。

操作は自分が特別に関心を持ったことや期待することへの試行錯誤的な行動です。自分が空想したり、想像したりする世界も操作の対象になります。これらの試行錯誤の結果は体験や経験や知識として蓄積され、さらに、過去の体験・経験、知識と関連づけられ、整理され、記憶されます。その過程で、自分自身も探索と操作の対象になり、自分自身を意識するようになります。

操作欲求による行動のキーワードは、探索、執着、自己意識、競争、挑戦、環境の改変、創作……でした。

先に述べましたが、子どもは五種類の生得的欲求に従って行動します。一つ一つの具体的な欲求の実現には一連の行為の流れが必要ですが、とにかく身体と感覚を使って行動したい、あるいは行動してしまうのです。そして、この行動によって、行動の対象である環境を変形させます。大人にとっては、悪戯と見えるようなこともありますが、このことは子どもの行動の基本的な特徴です。重要な点は、この過程で、自分自身の存在に気づく（自己意識を持つ）ということです。

自己意識とは、こころの環境に現れた自分についての認識です。子どもの自己意識の発現の様子を振り返ってみましょう。

生後三か月の新生児は「（自分の）身体」と環境にある物とを区別すると思われています。四か月になると「二項関係」が成立します。これは子どもが他の人に自分の欲求を伝えられるという直接的な関係に気づくということです。九か月になると「三項関係」が成立します。これは自分が関心を持っている物に他の人も関心を持っているということを理解し、他の人が関心を持っている物に自分の注意が向けられるということです。十五か月頃になると言葉による自己表現や自分の呼称が何を指しているかが理解できるようになります。十八か月頃になると、鏡に映った自分の認知ができるようになり、二歳になると自分の居場所、所有物、名前などにより「自分」を表現できるようになり、三歳になると自分が昨日行ったことなどの時間を跨ぐ自己認識ができます。自己意識はこころと環境との相互作用によって、こころの環境の中に生まれた自分です。したがって自分と他人との比較や共感の経験などに強く依存します。環境が変化すれば自己意識も変化するのです。

ここで創造について考えましょう。

創造の最も広い定義は「人の意志で環境を変化させること」です。このような広い意味では、意識的に生きることは創造の連続であるといってよいかもしれません。環境を変化させることの中には、自分にとって新しいものを創り出すことや、新しい方法を思いつくことや、新しい解釈を試みるなどの行為が含まれます。変化した結果の評価については、行為を行った人自身による評価ではなく、それを知った他の人が行うこともあります。したがって、評価は創造の質を表す社会的概念ともいえます。

ところで、創作物やそれを生みだす方法や解釈のどの場合であっても、新しいという特徴を持っているとすれば、これまでの関係する旧概念が変更または拡張される必要があります。

拡張にはいくつかの一般的な形態があります。

概念拡張の形態例

①　異領域の結合
②　極限移行
③　類似拡張
④　分割拡張

①　異領域の結合は対象たちが持つ共通のリズム、パターン、恒常性や機能（意味・目的）などを通して可能になります。典型的な例は暗喩を構成する結合です。ケンタウロスや人魚などの伝説的動物（人？）はよく知られています。

②　極限移行は対象の持つ概念（表現）の一部分を極端に変化させることです。特殊化ということもあります。「火を吐くドラゴン」は、日本の（火を吐かない）竜に比べて、攻撃力を高めた怪物です。最近では世界中に〝超人（スーパーマン）〟が溢れています。人類の人工環境（文明）は小さな無数の改革を積み重ねて変わってきましたが、最近の二百〜三百年で地球の天候を変えてしまうほど大きい変化となっています。これを制御できなければ人類の破滅（極限移行）をもたらすことは必定です。

③　類似拡張は対象たちの持つ構造的特徴の同一性を通して行われます。誰もが会っ

たことのないはずの宇宙人が、多くの場合、人と同じような形をしていると思われるのはこの例でしょう。「物真似」は通常、あまり高く評価されませんが、「学習」といえば創造の重要な一過程となります。

④分割拡張とは対象の構造や目的によって対象が分割され、分割された部分において、上記①から③などが行われることです。「手直し」の積み重ねともいえます。

創造のもっと一般的な形式については第5章で再論しますが、そこで定義される概念を先取りして述べると、創造とは、対象の表現（定義）のキーワードの変換ともいえます。この変換は、拡張された概念の中で行われます。

ここでは簡単な例を二つ挙げておきます。

〈例1〉自転車

定義：足でペダルを回して地上を移動する二輪の乗り物

この定義に含まれるキーワードの一つまたはいくつかを、例えば、次のように変換すると、自転車はどのようなものに変わるのでしょうか。

足↓電力、ペダル↓プロペラ、地上↓水中、二輪↓三輪、乗り物↓貨車

〈例2〉絵画

次頁の絵は上がH・ソルフ（一六一〇─一六七〇）による「リュートをひく人」で、下はJ・ミロ（一八九三─一九八三）による、ソルフの絵の改作です。

二つの絵をよく見比べてください。

このような改作は原作へのオマージュとして、芸術や科学の分野で新しいものを生み出す手法としてしばしば使われています。

ヘンドリック・
マルテンスゾーン・ソルフ
「リュートをひく人」
（アムステルダム国立美術館蔵）

ジョアン・ミロ
「オランダの室内Ⅰ」
（ニューヨーク近代美術館蔵）

写真提供　ユニフォトプレス

■第４章

感性と意識

——基本欲求のネットワーク

これまで、基本欲求の一つ一つについて説明してきましたが、これらは現実の行動の一つ一つに対応しているわけではありません。一つの目的のためにいくつかの行動が行われることや、欲求があっても行動しないこともあります。

こころはこころの環境に対して行動するのですが、こころの環境はいろいろな経験、価値観、自分の身体状況などを要素として持ち、これらの要素を媒介として、刺激される欲求が選択されるのでしょう。一連の行動の過程を考えても、その中で、基本欲求の変化さえ起こります。これはこころの働きの試行錯誤ともいえます。

選択された欲求がからだの環境で実行されるときは、からだの環境からの応答によって、からだの環境との間の試行錯誤行動をとります。

複数の人に、共通の課題を与えたとき、課題の理解や達成が全員同時に、同じ方法ではできないということは、当たり前のことと思われます。

しかし、「回り路」をすれば、できるようになることもよく観察されることです。この「回り路」はどこにあるのでしょうか。

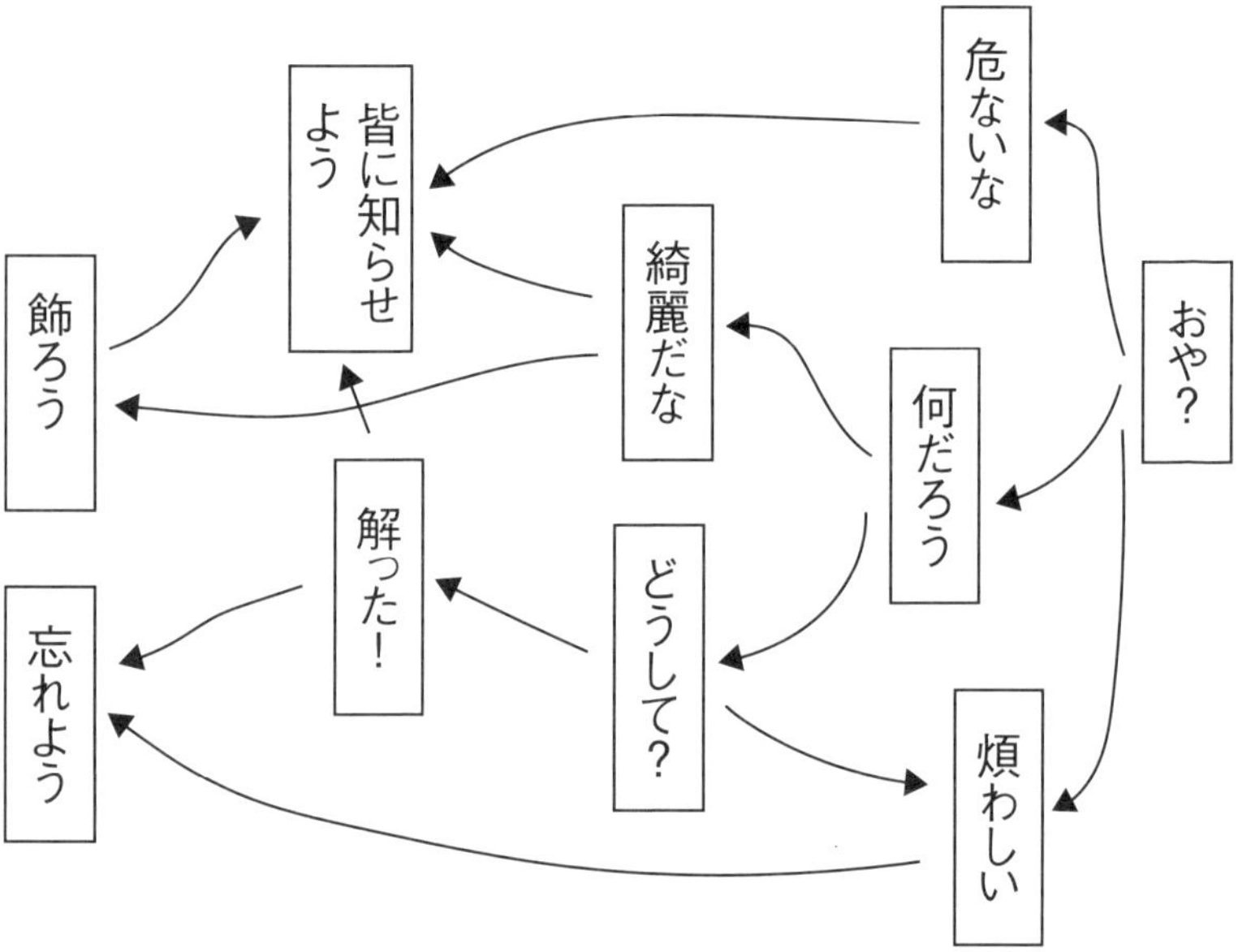

図中の□は基本欲求のどれかに対応している

第４章　感性と意識　――基本欲求のネットワーク

ここでは基本欲求の共同的な作業としての感性と意識について検討します。その中で、感性が回り路を作ること、意識がこころとこころの環境を繋ぐ道（路）の働きをすることを論じます。

1 感性

直前に述べたような行動の観察から、基本欲求たちはこころの環境との応答を通して結び付く「回り路」（ネットワーク）を持っていると考えられます。行動の基本欲求は五種類しかないとすると、刺激に対する最初の応答（基本欲求の一つ）から、意識的または無意識的に行動が選択され、その行動への環境からの応答に従って、新しい別の欲求へと試行によって「回る」ことになるのでしょう。欲求の試行錯誤です。

このようなこころ（基本欲求の集まり）の中にあるネットワークは「感性」といわれるものではないでしょうか。

感性という言葉は日常生活の多くの場面で、いろいろな意味で使われています。例えば、教育現場で、感性を定義したものとして、「感性とは（中略）感受性を軸に、価値あるものを見出す感覚や感情であり、知性と相互に働きあって自己実現を目指すものである」（筑波大学附属小学校）などがあります。ここでは、この定義について考えることはしませんが、「自己実現を目指す」という重要な機能に注目します。自己実現というのは、「自己が本来もっている真の絶対的な自我を完全に実現すること。自分の目的、理想の実現に向けて努力し、成し遂げること」（『大辞泉』小学館　参考）です。

ここでは、感性とは基本欲求のネットワークであるという見方から、その特徴を整理してみましょう。

① 刺激に対する感性的応答（興奮）は継続しませんが、その刺激を思い出すと興奮が再現されることがあります。この意味では感性は、こころの動的状態を表していると考えられます。この動的状態の再現という現象は記憶の一形態かもしれません。

② 基本欲求に対応した刺激を感知します。基本欲求は五種類あるので、感性は、

大きく分けて5チャンネル（回線）を持ちます。例えば、ある物・ことを怖いとか恐ろしいと感ずるのは生存欲求のチャンネルを通しているからです。美しいと感ずるのは感応欲求のチャンネルが開いているときです。これらの刺激を感受することを「気づき」といってよいでしょう。

③ 共感により人から人へ伝わります。物理的な言い方をすれば、人の感性を構成する機構の間には共鳴という状態があるということです。言葉や表情、音などによって伝えられた感性情報の「波長」が合ったものに特別に強く同調するようです。

④ 感性的行動は、身体やこころの状態、知識や世界観、自分自身との関わりの状況などに強く依存します。これらの要因は当面の対象への感性的関心を強めたり、弱めたり、質を決定します。

⑤　一つの刺激を受けたとき、それへの対応はその時々で変化します。基本欲求が変化するためです。これはこころの試行錯誤、または「ひらめき」です。環境を媒介して刺激される基本欲求が変化するということは、五つの基本欲求の間にネットワーク（「回り路」）があるということです。

例えば、自分の生命の危険を感じると、生存、操作、好奇、繋合、感応のどれかあるいは全部を使って危機から脱出しようとするでしょう。その判断は瞬時に行われる場合も、時間をかけて選択する場合もあるでしょう。基本欲求のネットワークは欲求変換のネットワークになるのです。

基本欲求の充足は、人が「生きる」という行動において、必ずしも自覚されない動機です。また、生命は基本欲求の充足によって維持されます。この意味では、基本要求の充足は「生きる」という行為の根源であり、人の幸福感の根底であるともいえます。人は成長とともに、環境からいろいろな情報を得て、それぞれの価値観を身につ

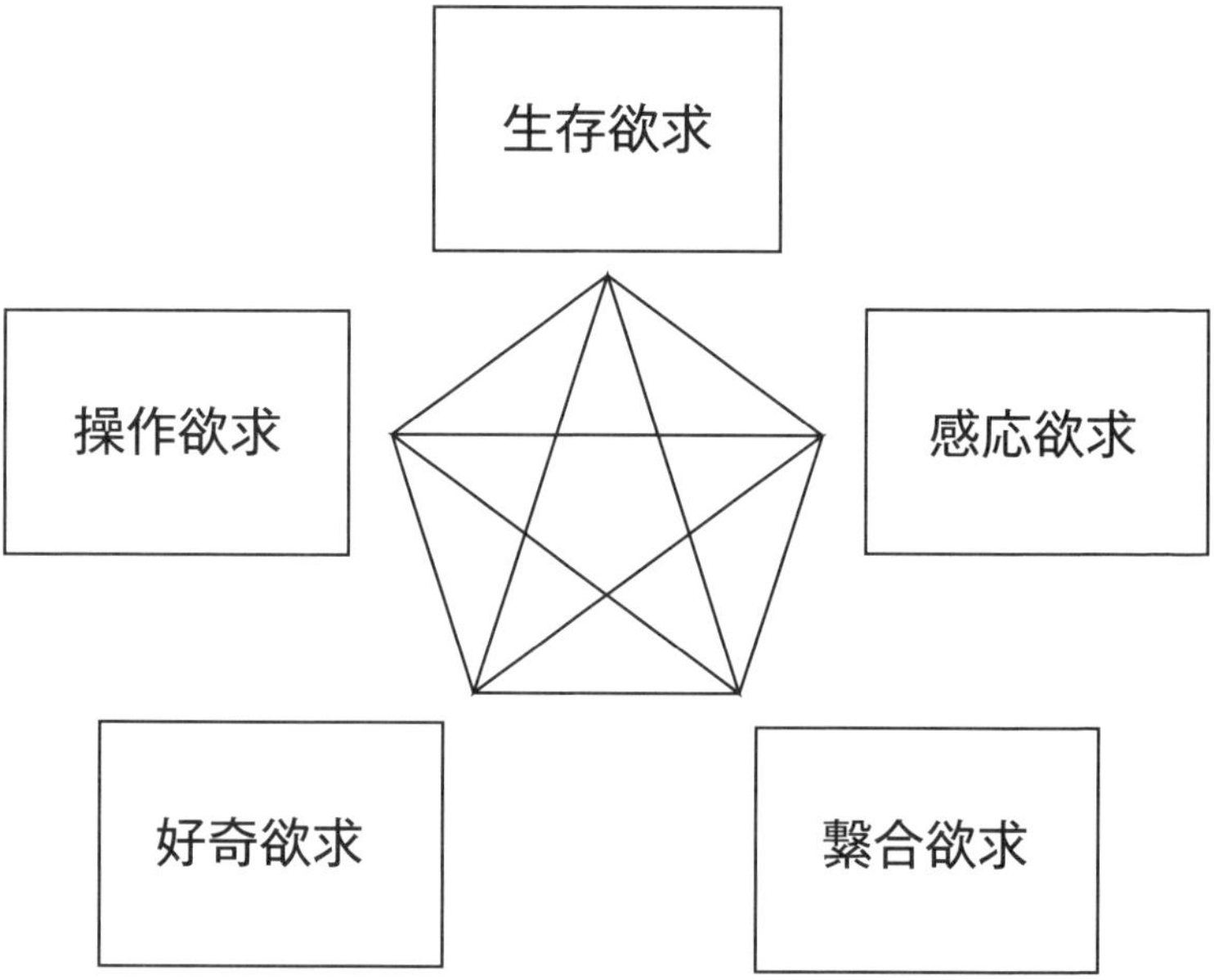

五角形が感性を表す
感性の五角形を構成する線は、各基本要求がこころの環境からの応答を受け取ったとき、その評価に従って、他の基本欲求に信号を伝える道筋を模式的に表現したもの

け、行動の枠を広げてゆくのですが、それらの行動は基本欲求による行動の変形・拡張へとなっていきます。

自己実現とは、これらの基本欲求がこころの環境（を通してからだの環境）に働きかけ、欲求が充足・実現されることによって、その成果をこころの環境と社会（からだの環境）に還元し、からだの環境を変化させる過程と考えられます。もちろん、このネットワーク自体が先に述べたような部分的な循環運動によって発生し、成長します。ネットワークがスムースに機能するためには、基本欲求にある種のバランスが必要なのかもしれません。

人生には二回の「多感」な時期があるといわれます。二歳から三歳ころの「いやいや」期と青年の「疾風怒濤」期です。これらの時期には、自然な成長の過程として、五つの基本欲求とそれらを結ぶネットワークにある種の急激な変化が起こり、こころの環境との間に齟齬が現れるのではないでしょうか。人工（社会）環境の変化なども外的要因となっているかもしれません。

感性を支える五つの基本欲求の充足は言葉による教育・暗示のみによってはできま

せん。個人個人のこころの特性が、発芽し、成長できる柔軟で、豊かな環境とその中での成功体験が必要です。

このように、幼児でも成人でも、動機や課題達成のための行動には、いつも五つの選択肢があるのですが、その選択はこころの環境を媒介した試行錯誤の中で行われるのでしょう。このとき、こころの環境の柔軟性やからだの環境の多様性が大きな影響を与えます。いろいろの選択ができるということは環境の性質によっても決められるということです。

子どもは環境の制約を知らないとき（こころの環境が自由なとき）「自由に」行動し、環境をどんどん広げてゆきます。一般に、成人は自由な環境に住んでいません。そこでは、伝統的・道義的・生産的な選択を強要されます。いわゆる「精神的老化」に関しては生理的・身体的衰えだけでなく、からだの環境の固定化による無自覚的な選択回避や思考方法の固定化が大きな要因になっているのではないでしょうか。一方、人が変わるには環境による制約を見直すことが有効だということです。

2 意識

意識とは、自分が、現在何かを感じている、考えている、行っているなどの状況にいることを自覚している心理状態です。

人は、自覚がなくても、内発的欲求によって、環境に対していろいろな行動を行います。それに対して、環境はいろいろな形で応答します。その結果は、欲求の充足あるいは不充足という原理で評価され、記憶されるでしょう。初めは、このときの評価も意識されません。欲求が充足されると、その欲求は消滅し、充足されないとその欲求は継続します。欲求に伴って身体が（自然に）動いていたのですが、身体を動かすことによって欲求が満たされやすいという経験を繰り返すと、その行為は記憶されるでしょう。

そして、環境中にある対象物を識別し、そのものに向けて身体を動かすまたは動かさないという選択の体験を通して、自身を自覚する意識が始まります。意識は行動する自分とそれを観察する自分という二人の自分の存在を示唆しているようです。からだの環境での体験は、こころの環境に取り込まれるので、意識はこころの環境の形成と同時に発生するように思われます。

意識はいつも、個別的な対象に関連して現れます。意識はこころとその環境との、その場その場での関係を媒介しているのではないでしょうか。意識していたものや行動に慣れてしまうと、そのものや行動が意識されなくなります。逆に、今まで無意識に見ていたものや行動に変化が起きると意識されます。意識はこころの環境要素とこころの関係に変化が起こると出現するようです。五感の刺激を受けたときやこころの環境の要素である価値観や理念が刺激を受けたときも同じです。継続しているように見える意識は、こころとその環境要素の間の刺激（緊張）が継続している状況であると考えられます。

意識の基本的な動き・機能をまとめてみましょう。

①こころの環境要素とこころ（欲求）の関係に変化が起こると、関係に対応する意識が発生したり消滅したりします。お腹がすくと、生存欲求によって空腹感を持ち、食事を摂ろうとします。満腹になれば食欲はなくなり、食事のことは意識しなくなります。初めて自転車に乗るときは、バランスにずいぶん気を付けますが、慣れてくると自転車に乗っていても、バランスをほとんど意識しなくなります。

②意識は、こころがこころの環境を認知・応答する手段です。基本欲求が意識を育てます。また、意識は欲求を引き出します。無自覚に起こす行動という場合もありますが、行動はその方法や結果について自覚を伴います。意識がなければ「視れども、見えず。聴けども聞こえず」となります。

③感覚、感情、関心、判断などの形態を持ちます。これらの形態を媒介として、他の人との意識の「共有」が可能になります。「心に秘めた」意識もありますが、

人が目的を持って、同じ行動をとるためには、共感や意識の共有が欠かせません。例えば、幼児が「三項関係」を理解するのは、意識の普遍的な表現形態・形式を通して行われます。

④意識は物や思考中のテーマなどの特定の個別的な対象に向けられているという意味で、志向性・方向性を持っています。また、環境要素が示唆する志向性・方向性の他、個人の経験や体験からくる広がりを持ちます。広がりの周辺部では意識は広く、弱くなってきます。ぼんやりとした「目覚め」のときのように意識は全体として弱いことがあります。クイズ遊びでは意識を広くする（関連する物・ことを広く考える）とクイズの「答え」は見つかりやすいようです。

⑤転化が起きます。転化は感性の転化（ひらめき）によって起こります。対象への意識の周辺部で、他の物やことの周辺部が重なり、この重なりを介して、他の物やことへの意識が現れます。周辺部では意識は弱くなり、感性が働きます。

転化は元の環境要素とは異なる環境要素へと移り、その環境要素が意識されます。これが意識の転化です。

〈例１〉
絵を描くときは、個別の被写体を描きながら、描いている個別対象の画像の周辺部も見ています。そして見ている全体のバランスや個別対象の強調を考えて、画像を修正することがしばしば起きます。このようなときのバランス感覚や強調判断は感性といってよいでしょう。

〈例２〉
人に話をするとき、テーマやその場その場での話のポイントを明確に意識することは大変重要ですが、それらのポイントを箇条的にならべて順番に話すことが上手な話し方とは限りません。ある私の知人は、講演を頼まれることが多いのですが、話のポイントの論理的な展開と情動的な表現を巧みに組み合わせています。

例えば、ある哲学者の「信念は真実の敵である」という言葉を引用した後、「信念なくして成就なし」と主張します。また、「男女平等の社会を目指す目的は、この社会で女が男と同等の権利を持つことではない。男が創ったこの社会を創り変えることである」などの話し方です。

大切な話であっても、論理的な話し方だけでは聴衆のこころをすり抜けて、印象を残さないことが度々あります。伝えたい本質を際立たせるためには、しばしば、具体的な例の感性的表現が有効です。

■第５章

基本カテゴリー系

最後に、「基本カテゴリー系」について話しましょう。カテゴリー（範疇）とは同じ種類の物や概念の集まりを表す名称です。

例えば、「ねこ」はある形質を共有する動物（猫の定義）の一種ですが、「ねこ」という言葉（概念）はいろいろな種類の猫全体の集まりを表すことがあります。このとき「ねこ」はカテゴリーとなります。そのような名前（概念）の集まりは、もっと大きい集まり（概念）の中では、同じような集まりの一つの例でしかないということもあります。例えば、「ねこ」は「いぬ」と同じように「どうぶつ」というカテゴリーの一要素（成分）です。このようなカテゴリーの集まり全体をカテゴリー系（範疇系）といいます。例えば、鳥や魚や人なども動物というカテゴリー系の成員です。猫、犬、鳥や動物には生物学的な分類があるのですが、カテゴリーによる分類はこのような「科学的」分類と同じものではありません。

例えば「愛」はあるカテゴリーをつくります。「愛」の中にはいろいろな愛の行動や抽象的な概念が含まれています。また、ある種の概念は社会の歴史や文化環境や地域環境によって内容が変わるあいまいさも含んでいます。しかし、同じような歴史、文化、地域環境で生活する人々の間では共通の概念体系を持つ必要が生じます。これらの概念体系は人が社会で生きるときに伝統や教育や試行錯誤によって獲得されていくものです。

人は、一つの対象を認識したり、表現するときは、意識していなくても、いくつかのカテゴリーの集合であるカテゴリー系を使っています。「ねこは動物である」という文章が理解できるのは動物という集合（カテゴリー系）を知っているからです。

子どもが世界を表現する仕方の面白さは、例えば、太陽と動物が会話をするように、子どもが持つカテゴリー系が大人のものと異なることにもよります。子どもが持つカテゴリーの発生・発達についてはいろいろな人によって研究されていますが、カテゴリー系は行動の試行錯誤の積み重ねから形成されます。

環境に対する関心とその関心に基づく行動や環境からの応答の繰り返しは、環境についての認識やこころの環境にある構造を創り出します。ここでは子どもと大人が同じ認知の過程を持つという見方から、子どもと大人が共通して持つ「認知と行動」の結果、創り出されるカテゴリー系について考えます。子どもは基本欲求によって行動することは前に述べた通りですが、子どもの持つカテゴリーは基本欲求に基づく行動に対応しているのでしょう。

これらのカテゴリーは哲学者が分類するような客観的な「認識の構造」や「実体の構造」を表すものではありません。人の欲求と行動の分類に対応するものです。

人は生得的に五種類の基本欲求である生存欲求、感応欲求、繋合欲求、好奇欲求、操作欲求に従って応答したり、思考や行動をするので、環境からの応答もそれぞれの欲求や行動に対応して五種類に分けることができるでしょう。そこで、カテゴリーも五種類に分類してみました。

生存欲求、感応欲求、繋合欲求、好奇欲求、操作欲求を動機とする、これらの欲求に基づく行動や思考の概念とそれらに関連ある概念の集合を、それぞれ、次のように呼びましょう。

①　再生カテゴリー（再生的範疇）
②　意味カテゴリー（意味的範疇）

③　共鳴カテゴリー（共鳴的範疇）
④　形状カテゴリー（形状的範疇）
⑤　展開カテゴリー（展開的範疇）

これらのカテゴリーは人が成長し経験を積み重ねる中で無意識に持つカテゴリーであり、その内容は成人になるに従って社会的経験が加わることによって拡大・変化します。幼児であっても特定の決まった欲求に一種類の行動で対応するわけではありませんが、成人になれば意図とそれを実現するための関係はずっと複雑になり、目的を達成するためには一連の行動の流れを選択します。したがって、欲求の区分が曖昧になったり、行動の仕方が社会環境や文化環境に依存しますが、欲求と行動の基本的な関係は変わらないと考えられます。

先に述べた五種類のカテゴリーの全体を「基本カテゴリー系（基本範疇系）」と呼ぶこととします。基本カテゴリーという言葉は以前から、異なる意味でも使われているようですが、ここではこの五種類のカテゴリーを成員とした分類を基本カテゴリー系と呼びます。この分類の重要な特徴は人の活動（行動、感覚、思考）のほとんどすべての領域をカバーしているということです。

基本カテゴリー系の各成員カテゴリーと、それらを構成している典型的な成分要素（カテゴリー）の例を列挙してみましょう。

基本カテゴリー系

再生：対象（環境要素）の発生、誕生、存続、維持、消滅、死などに関わる概念の全体

生体反射、生存、性、安全、健康、管理、維持、死、消滅など

意味：対象と環境との基礎的関係、意味、心情的・介入的関係などを表す概念の全体

五感、感応、感情、感性、自己表現、目的、情動、芸術、扇動、動機など

共鳴：必然的または結果的に選択される環境要素への指向や行動に関わる概念の全体

趣味、繋合、共振、共感、遊び、絆、愛、いじめ、差別、集団、価値など

形状：対象が持つ外観、構造、形式、機能などを表す概念の全体

認知的関心、好奇、機能への関心、学習、言葉、知識、暗喩、定義など

展開：環境と自己の関係や環境要素の変化またはそれを志向する行動と概念の全体

探索、操作、主張、挑戦、変換、創造、革命、多様性、可能性、拡大・破壊など

人は個別の対象について、カテゴリー毎の特徴を挙げることによって対象を記述・説明・認知します。個別の対象の特徴はカテゴリー系を構成する一つ一つのカテゴ

リーの中から選ばれた概念または「キーワード」の全体で表現されます。カテゴリー系として基本カテゴリー系を採用し、成分カテゴリー毎の個別対象のキーワードまたは特徴記述の全体を個別対象の「表現」と呼びましょう。日常生活でのいろいろな場面で、基本カテゴリー系を意識すると、ものの見方・考え方に次のような点で役に立つかもしれません。

〈第1〉 意識していなかった観点の示唆

基本カテゴリー系が人間の行動の全体をカバーするものならば、対象の特徴を成分カテゴリー毎に確認することによって、意識していなかった観点（カテゴリー）から対象の特徴を検討できる可能性が出てきます。このことは、例えば、問題の把握・理解の過程では重要です。

日常の行動でも「ものを質と量で比べる」という比較の仕方があります。この場合は、「質」というカテゴリーと「量」というカテゴリーを組み合わせたカテゴリー系を使って比較しているのです。

[例] 「自動車」の基本カテゴリー系での表現

「エンジンによって動かす四輪の乗り物で、ハンドルとブレーキで操縦する。陸上の移動や荷物運搬などの他消防や医療やスポーツなどの特殊な目的を持つものもある」

ここには「再生」というカテゴリーについての記述が含まれていません。「意味」という観点から目的についての記述があります。「共鳴」という観点からの記述もありません。「形状」というカテゴリーからは自動車が動く原理や操縦法が含まれています。「展開」という観点からの記述もありません。

それでは、「再生」や「共鳴」や「展開」というカテゴリーから自動車についての記述を補足するとすれば、どのようなキーワードが挙げられるでしょうか。事故や運転免許、道路整備、排気ガス、燃費や電気自動車、自動運転、空飛ぶ車などについての記述が現れるかもしれません。

〔第2〕 課題の整理・分析・評価などの枠組

基本カテゴリー系を、課題や対象の表現・分析の枠組みとして利用すると、作業の手がかりや全体的な見通しができる可能性があります。それは取り扱う課題や対象について、事前に持っている断片的な知識・情報を基本カテゴリー系によって整理するという過程を含みます。

〔例1〕 対象の比較・特徴づけ

すでにお気づきかもしれませんが、第1章で述べた自然環境と人工環境の対比の五つの項目や第4章での感性や意識の基本的な働き・機能のまとめは基本カテゴリー系の再生、意味、共鳴、形状、展開に対応しています。このように、基本カテゴリー系は対象を表現・比較・特徴づけするときには有効な枠組みになります。これは自然カテゴリー系が、予め、五個の成員を持っているからです。

［例２］汎用の評価様式

次頁の図は基本カテゴリー系を利用した汎用の評価様式です。五角形の中心を０（零）、五角形の辺上を10として、あなたが思い浮かべる事柄について、項目毎に評価・作図してください。評価結果は変形した五角形で表せます。

［例３］遊びの表現と定義

遊びについては、第３章で現象的な特徴やそれらを巡る解釈について述べました。しかし、それらの間にある解釈のばらつきについては議論しませんでした。ここでは、それらの矛盾を整理し、遊びの表現とそこから引き出される遊びの定義について検討します。

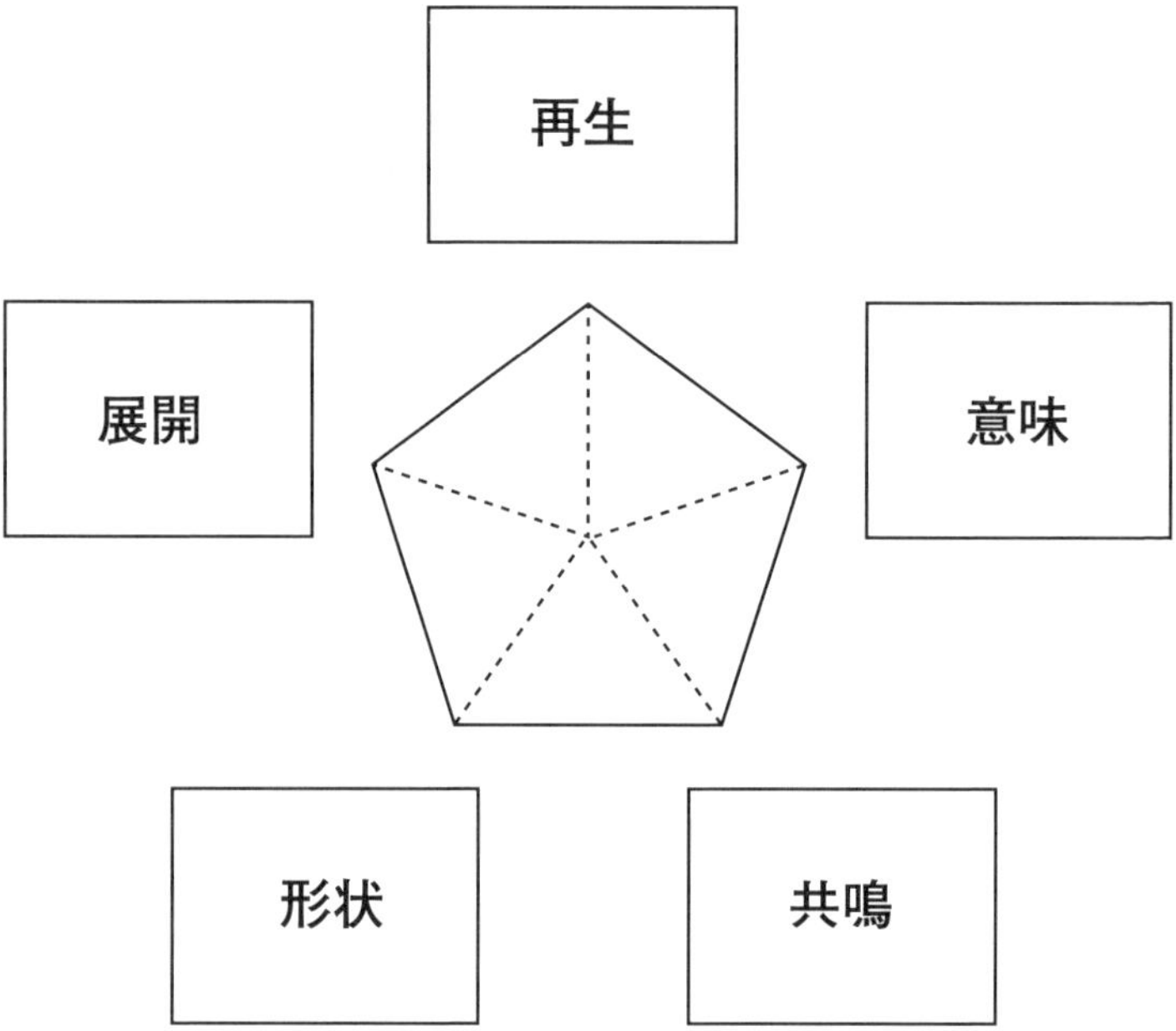

五角形評価ヒストグラム

〈 遊びの表現 〉

再生：繰り返される。多くの場合、同一の過程を繰り返します。繰り返しにより、人間関係を再確認・維持・強固にしていきます。

意味：楽しい。参加者全員が楽しさを共有することが重要です。過程中での怖い、痛い、悲しいなどの体験は、その情動が参加者に共有されることにより、連帯の基盤となっています。

共鳴：互いに親近感を持つ。選ばれた時間・空間・状況の中で、感性・能力・経験を共有する仲間を創っています。

形状：規則（ルール）がある。これによって、誰でも平等に参加できます。また、同じ行為を同一の方法で行うことは共感を作りやすくしています。

展開：グループは主体的。想像（創造）世界のイメージや価値観を共有します。規則を変更したり、グループの結成・解散の決定を行います。

①同じ遊びの「繰り返し」は遊び仲間との絆を維持しようとして行われます。乳幼児の「一人遊び」は好奇的欲求や感応的欲求により行われると見なすことが可能です。自閉症児は他人の表情や情動を理解することが困難で、他人と遊ぶことができないと思われていますが「一人遊び」はできます。大人の場合、「一人遊び」は趣味や気分転換の方法といってよいでしょう。

②遊びで自覚される効果は「楽しい」ことですが、途中ではいろいろな負の情動（「嫌だ」という思い）の経験もします。このような負の情動も含め、遊びにおいては情動の共有が行われます。情動の共有によって、正の情動は強められ、負の情動は連帯感の基盤の確認となります。

③共感や繋合の意識は自分と他者が同じような状況にあるときに強くなります。遊びは環境による制限またはグループによる主体的な選択により、同質的な仲間により行われます。異質的な人はグループから排除されます。

④遊びのルールは主に二つの働きをしています。それを承認すれば誰でも平等な立場で、遊びに加わることができます。これにより、初めての人でも参加が可能になります。また、参加者の行動を制御し、遊びのグループを維持しやすくしています。

⑤グループの構成員が、グループに満足しているときは、グループは外部からの干渉に対して自立的になります。グループの具体的目的、実在あるいは仮想的世界のイメージ、価値観などの共有、グループの運営、解散などの決定を行っています。

〈遊びの定義〉

遊びの具体的な形やその意味付けは多様ですが、基本的なことは人と人のつながりを作ることであるように思えます。つながりたいとの欲求は乳幼児のときから現れていて、それは基本的欲求の中にあり、繋合欲求に由来すると考えられます。

そこで、遊びを、

繋合欲求に従って、他者との絆感を得るための共同行動

と定義します。表現は対象を基本カテゴリー系の枠組みに従って特徴を記述することですが、定義は対象の基本的内容に従って与えられます。

遊びをこのように定義すると「一人遊び」は遊びではないという分類になります。

〈第３〉分析・表現の深さの系統化

基本カテゴリー系は対象とする概念が広いという汎用性があります。ある対象の表現を行ったとき、その成員カテゴリー毎のキーワードまたは特徴記述自体が、新しい対象として、基本カテゴリー系による新たな表現を持ち、したがって、固有のキーワード群または特徴記述群で表されます。これらを繰り返すことによって、表現の系列化ができるでしょう。この系列は表現の深まってゆく順序といってもよいでしょう。

[例１] パブロ・ピカソのゲルニカ

パブロ・ピカソの「ゲルニカ」という絵画について、その表現を考えてみましょう。

絵画は視覚に訴えるものなので、その印象の言葉による表現には必ず限界があります。しかし、絵には具体的には表されてはいなくても、言葉によって作者の

パブロ・ピカソ「ゲルニカ」

意図やものの見方・考え方などを概念化し、他人に伝えることはできます。基本カテゴリー系による特徴づけを行った後、それぞれの記述に、関連する事柄を二次的に追加すれば表現は深くなるでしょう。

〔再生〕
対象が絵画という固形物であることは前提として、この絵は常に新鮮で、生命力に溢れています。何故でしょうか。このことは絵画における新鮮さや生命力についての検討を示唆します。絵画としての空間構成の力強さや、通り一遍の解釈を拒否するような「意味不明」な対象がいくつか描き込まれています。さらに、時間と空間の順序性を破壊しながらも、全体として大きな物語を表現しているように思われます。

〔意味〕
この絵は、「ゲルニカ」の悲劇に触発され描かれたといわれますが、「ゲルニカの悲劇」のみを描写しているわけではありません。この絵は、人同士が殺し合うという戦争の狂気を告発しています。この狂気は、この絵画に描き込まれている人間の強さ、真摯さ、優しさを対比させることによって、普遍的な事実として深く表現されています。

〔共鳴〕

この絵に強く引き付けられる人と、強い嫌悪感を持つ人がいます。人は形や意味やイデオロギーなどに対して、自覚的あるいは無自覚的に、個人的な情感を持っています。現在、ロシアによるウクライナの都市への、一方的な無差別爆撃が行われています。この絵はそのような現実を思い起こさせるかもしれません。

〔形状〕

大きさは縦三四九・三センチ・横七七六・七センチで、キュービズム様式のデフォルメによって強調された、白、黒、灰色、青色のほぼモノトーンで描かれています。人間の強い悲しみの感情は天空を見上げる顔によって表現され、驚いたり哀れんだりしているように見える人は横向きです。人間の手や足が感情表現の手段として効果的に描かれています。

〔展開〕

キュービズムの表現方法をよく実現しているといわれている絵ですが、この絵が彩色されたらどのような感じになるのでしょうか。挑戦してみませんか。

〔例２〕教育問題

教育について考えてみましょう。

国が行う教育については、いつの世でも国民的な議論が絶えません。国民のほぼ全員が、子ども、保護者、教師、企業、国などという利害が異なるそれぞれの立場から、異なる文化、歴史、価値観などを背景として議論に参加しているのです。ある教育団体主催のシンポジウムで「教育で創ろう　日本の明るい未来」というテーマが掲げられていました。早速、「教育で、できる日本の暗い未来」「教師は食わねど高楊枝」「教育問題は学校問題ではない」「日本は教育のし過ぎだ」等々の議論が噴出しました。

日本の教育を巡るいくつかの典型的疑問・論点として、

「いじめ」はなくせないのか
日本の青少年は何故「自尊感情」が低いのか
フリースクールをどう扱うのか
公的教育費決定の適切な基準は何か
デジタルメディアをどう取り入れるのか

等々が挙げられていますが、このような教育を巡る重要な疑問・論点の分析には教育の表現の成員カテゴリーの一つまたはいくつかのキーワードの表現(分析)が必要であると思われます。

そこで例として、学校教育を表現してみましょう。

〈学校教育の表現（例）〉

再生：社会制度または私的組織として継続的に維持されます
意味：個人やグループを社会または特定集団に、知識や技能の習得により適応させます
共鳴：文化や社会的価値観、理念などによって内容が決定されます
形状：学習者、指導者、施設、規則が存在します
展開：目的・資金などによって、多様な形態・方法があり、社会変革の原動力ともなります

この表現は現実の教育という現象の状況を表すものではありません。しかし、教育についての諸問題について考えるとき、まず、確認しておかなければならない事実です。

そこで、例えば、学校での「いじめ」についてその表現を考えます。もちろん、「い

じめ」は学校制度や教育の理念に反する現象ですから、学校教育のどのような部分に問題が出てきているのかを表現のカテゴリー毎に点検することになります。

「再生」カテゴリーの観点から見ると、学校での「いじめ」はむしろ毎年増加していますから、「いじめ」の原因となっていることは現在の学校や社会で継続または増加しているということでしょう。これは、社会の経済や文化、教育現場の状況と関係がありますます。このことは、現在の社会にも「いじめ」に似た構造があることを示唆します。

「意味」カテゴリーから考えると、「いじめ」られている子どもたちが人権侵害を受け、さらに学校教育からは排除されています。「いじめ」る側は他人の人権を侵す経験をします。学校としても、その機能が充分果たされていません。現代社会での学校の役割の再検討が必要かもしれません。

「共鳴」カテゴリーから見ると、生徒が自分の望む教育を選択・学習できていない可能性があります。現代社会では学校以外の場所での教育が重要な役割を持っていますので、学校教育の理念や制度・方法を考え直す必要があるでしょう。学校とその環境である社会の相互乗り入れなどがもっと必要なのではないでしょうか。

「形状」カテゴリーから考えると、（義務）教育制度や運営が硬直化している可能性があります。生徒の自主性や参画を認めない、固定的な学級編成や過剰な管理は生徒に画一性を強制することになり、ストレスを引き起こします。

「展開」カテゴリーから、組織の解放（外部の学校に対する意見や運営への参画など）や関係者の排除などによる強権的介入などの対応が考えられます。人が集団で行動するとき、その集団の外縁部にいる人は、その集団の中では個性的な人です。個性を集団から排除するのか、個性を認めて集団を発展的に変えるかは、個人にとっても集団にとっても大変重要な選択です。個性を集団から排除するときに、排除される人への人権侵害もしばしば問題となります。

〈第４〉　問題解決や創造の手助け

想像上の事柄について述べたり、内容を付け加えたり、整理するのに基本カテゴリー系という枠が有用なときがあります。日常的な場面では、推論や表現の変更は、類推、メタファー、強調（デフォルメ）、論点隠し（論理のすり替え）などのいろいろな方法で行われます。

これらは、前節で述べたような「変換」（同一カテゴリー内でのキーワードの変更）だけでなく、意図的・選択的に一部のカテゴリーやキーワードを強調することによって可能になります。想像上のものであっても、実体があるものであっても、このことは創造に関わることです。

［例１］情景描写　―ある猫との出会い―

朝、偶然出会った小さな三毛猫は、何かを探すかのようにゆっくり首を左右に動かしながら歩いていたが、私に気づいて歩みを止め、じっと私を見つめた。私を警戒している様子で、しばらく、体を動かさなかったので、私も猫を脅さないように目線を伏せて、しばらく身動きしなかった。しかし、猫は異常を感じたのか、身をひるがえして、一瞬で叢に消えた。

このような情景の記述に対し、基本カテゴリー系を意識した追加的内容として、例えば、

①この猫はどのようなものを食べているのだろうか（再生カテゴリー）
②この猫は人に付けられた名前があるのだろうか（意味カテゴリー）
③この猫はどんな猫家族を持っているのだろうか（共鳴カテゴリー）
④何という種類なんだろう（形状カテゴリー）
⑤どんな縄張りを持っているのだろうか（展開カテゴリー）

などの観察、表現記述、拡張のヒントなどが挙げられるのではないでしょうか。

［例2］詩　―春夜―

日本の近代象徴詩を確立したといわれる萩原朔太郎の詩集『月に吠える』の中に「春夜」という詩があります。

春夜

浅蜊のやうなもの、
蛤のやうなもの、
みぢんこのやうなもの、
それら生物の身体は砂にうもれ、
どこからともなく、
絹いとのやうな手が無数に生え、
手のほそい毛が浪のまにまにうごいてゐる。

あはれこの生あたたかい春の夜に、
そよそよと潮みづながれ、
生物の上にみづながれ、
貝るゐの舌も、ちらちらとしてもえ哀しげなるに、
とほく渚の方を見わたせば、
ぬれた渚路には、
腰から下のない病人の列があるいてゐる、
ふらりふらりと歩いてゐる。
ああ、それら人間の髪の毛にも、
春の夜のかすみいちめんにふかくかけ、
よせくる、よせくる、
このしろき浪の列はさざなみです。

作者は「月に吠える」の序文の中で、次のように述べています。

私の詩の読者にのぞむ所は、詩の表面に表はれた概念や「ことがら」ではなくして、内部の核心である感情そのものに感触してもらひたいことである。私の心の「かなしみ」「よろこび」「さびしみ」「おそれ」その他言葉や文章では言ひ現はしがたい複雑した特種の感情を、私は自分の詩のリズムによつて表現する。併しリズムは説明ではない。リズムは以心伝心である。そのリズムを無言で感知することの出来る人とのみ、私は手をとつて語り合ふことができる。

『どういふわけでうれしい？』といふ質問に対して人は容易にその理由を説明することができる。けれども『どういふ工合にうれしい』といふ問に対しては何人《ぴと》もたやすくその心理を説明することは出来ない。

思ふに人間の感情といふものは、極めて単純であつて、同時に極めて複雑したものである。極めて普遍性のものであつて、同時に極めて個性的な特異なものである。

　どんな場合にも、人が自己の感情を完全に表現しようと思ったら、それは容易のわざではない。この場合には言葉は何の役にもたたない。そこには音楽と詩があるばかりである。

「春夜」は春の夜の浜辺を描写したものです。幻覚や幻想を表現したものではありません。基本カテゴリー系によって特徴を簡単に検討してみましょう。

〔再生〕

　ぬるぬるした感触、水に息づく生命の姿が描写されています。「腰から下のない病人の列があるいてゐる」のですが、「よせくる、よせくる、このしろき浪の列はさざなみです」で終わることによって、読後の憂鬱感から解放され、読む者の意識を新しい生へと向かわせます。

〔意味〕

散文や絵画によっては表現が困難な情感を表現したものです。抒情象徴詩というのでしょうか。このような手段でなければ表現できない情感の世界です。音符による音楽表現と似ています。

〔共鳴〕

人は暗闇の中のぬるぬる感や憂鬱感という情感を嫌うようですが、しかし、誰もが持っている憂鬱という情感がこの詩によって引き出されます。

〔形状〕

一つ一つの言葉が持つイメージや韻、言葉が創るリズムを構成材料として、本体を順に、近景、中近景、遠景と、情景の遠近に合わせた描写で構築しています。歌曲とよく似ています。

〔展開〕

人が持っているいろいろな情感はいろいろな方法で表現できるものです。このことは、日常生活ではもちろん、演劇や映画では中心的な課題です。また、心理療法などでは、こころに到達する多様な手段の一つとして利用されています。

詩は言葉を使いながら、言葉の意味という、その限界を越えようとしています。限界の先にある感性も基本カテゴリー系という網で取り出せるのではないでしょうか。

おわりに

保育園の子どもは皆、輝いています。毎日が新しい世界の中で、遊びと発見の連続です。しかし、子どもは生まれながらに輝いているわけではありません。子どもが輝いていられるのは、それができるような環境にいるときです。保育園に限らず、子どものための施設は本来、そのような環境なのです。保育園や幼稚園を卒園した子どもは小学校やその上の学校に進むのですが、そこは異なる目的を持って組織された環境です。学校を卒業した後の社会でも、人が輝き続けられる保証はどこにもありません。

人は集まれば必ず集団を作ります。人は社会的な動物であるということです。社会は集団の力を組織するために規則を作ります。法律や文化や常識です。これらの規則を守る人は集団のメンバーとして認められます。しかし、人には個性があります。個性的な人は集団のメンバーであるだけでは幸福にはなれません。初めから、規則の枠からはみ出す人も大勢いるでしょう。これは人の集団社会が持つ宿命です。規則の枠からはみ出た人に、規則を作った集団はどのように対応するでしょうか。これは、その集団の「文明度」を表す指標になります。

現在の子どもたちは、近い未来に、社会の主要な担い手となります。私たちはどのような社会を子どもたちに託すのでしょうか。

現在、世界は人類が経験したことがない「地球温暖化問題」を抱えています。地球の温暖化は後戻りできない段階に差し掛かっているといわれています。一方で、文明機器の発展による「情報社会」を迎えようとしています。情報社会は、人間の生活様式を劇的に変化させる可能性を持つものですが、この地球の温暖化を遅らせることができるでしょうか。当面は、人間による温暖化の原因を、早急に取り除くことが必須であるといわれています。そうしないと、現在の、豊かな命溢れる地球を子どもたちに [illegible] ことはできません。

[illegible] どもたちは、さらに、日本固有の課題に向き合わなければなりません。日本は、[illegible] いわれています。総人口、子どもの比率、国民総生産の国際比較、国

民の平均実質賃金、国の教育支出などは確実に減少しつつあります。一方で、国の財政赤字、社会保障費の増加、国民生活の質の格差、子どもの貧困率、虐待件数などは増加傾向です。幼児教育の公的支出の節約は、将来の社会保障費の増大につながるというＯＥＣＤ（経済協力開発機構）の予言の通りです。ＯＥＣＤといえば日本における男女間の格差問題が以前から指摘されています。

このような状況を見ると社会環境としての日本の特徴が見えてきます。要するに、「弱い者いじめ」の国です。このまま、現在の子どもたちに引き渡せるような文明国ではありません。文明は閉塞的な体制の維持ではなく、多様性を求めています。多様な人々の登場が日本社会を発展的に進化させてくれるのではないでしょうか。

よく知られていますが、日本人は世界的にも例を見ない質の高い伝統的な文化を持っています。これらを維持・発展させることは、これからは、閉鎖的な組織・体制では不可能でしょう。多様な人々の参加が必要です。

日本では「多様な人々」はどこにいるのでしょうか。それは、この国で「いじめられている」過半数の人々です。「いじめられている」人々とは基本的には経済的弱者です。これらの人々とは、子どもや若者や女性です。これらの多様な人々は日本の膨大な潜在能力なのです。「いじめ」には当然、「いじめ」ている人々がいます。これらの人々の自覚なしに「いじめ」はなくなりません。

そこで、提案です。

日本の男性は女性に権力を渡すべし
日本の中年は若者に機会を渡すべし
日本の大人は子どもにお金を渡すべし

この報告は私が保育園で付き合っていた多くの子どもたちの示唆から生まれたものです。副題の「笑う子ども」とは、遊びながら私に笑いかけてくる子どもたちのことです。子どもたちに感謝です。

また、保育園での厳しい保育環境のもとで、保育に従事し、「笑う子ども」たちを育ててくれた保育士の先生方に深く感謝します。「国際幼児教育学会栃木支部」の諸先生方には、私が考えていることについて、貴重なご意見をいただきました。あわせて、感謝したいと思います。

最後に本書の出版にあたり文芸社のスタッフには原稿を見ていただき貴重なコメントを頂きました。記して感謝いたします。

二〇二四年一月

浅野　功義

著者プロフィール

浅野 功義（あさの なるよし）

（社福）ともの会　ひので保育園園長
名古屋大学理学部物理学科卒業、同大学院博士課程中退
名古屋大学助手、宇都宮大学教授などを歴任
宇都宮大学名誉教授、理学博士

主な著書
『行列と１次変換』『線形代数』『線形代数演習』（共著　岩波書店）
『常微分方程式』（共著　講談社）
Будуцее Науки（共著　ЗНАНИЕ）
Algebraic and Spectral Methods for Nonlinear Wave Equations（共著 Longman）など

こころの環境　笑う子どもからのメッセージ

2024年２月15日　初版第１刷発行

著　者　浅野 功義
発行者　瓜谷 綱延
発行所　株式会社文芸社
〒160-0022　東京都新宿区新宿１－10－１
電話　03-5369-3060（代表）
03-5369-2299（販売）

印刷所　株式会社エーヴィスシステムズ

ISBN978-4-286-24926-1